혼자가
편한 게 아니라
상처받기
　싫은 거였다

관계에 지친 나를
보듬어주는
치유의 심리학

하정희
지음

혼자가
편한 게 아니라

상처받기
싫은 거였다

관계에 지친 나를
보듬어주는

한밤의책

너무 가까우면 버겁고
너무 멀면 외로운 당신에게

우리가 사는 지구에는 아주 오래된 동반자가 하나 있다. 바로 달이다. 달은 지금까지 약 45억 년 동안 매일매일 쉬지 않고 지구 주위를 돌았다. 그런데, 생각해 보면 참 신기하지 않은가? 어떻게 그렇게 긴 시간 동안, 하루도 빠짐없이 지구의 곁을 지킬 수 있었을까?

그 이유는 지구와 달 사이의 거리가 바로 너무 멀지도, 너무 가깝지도 않기 때문이다. 만약 지구와 달 사이가 지금보다 가까웠다면, 달은 지구의 중력에 이끌려 점점 가까워지다가 충돌해 버리고 말았을 것이다. 반면 지구와 달 사이가 지금보다 멀었다면, 달은 지구의 중력을 벗어나 우주 저 멀리 떠나 버렸을 것이다. 즉 우리가 매일 밤마다 아름다운 달을 볼 수 있는 이유는, 지구와 달이 적당한 거리를 유지하고 있기 때문이다.

좋은 인간관계를 만드는 비결도 이와 비슷하다. 가까워지되 지나치게 달라붙지 않고, 거리를 두되 지나치게 멀어지지 않는 것 말이다. 물론 이것이 말처럼 쉽지만은 않다. 그래서 많은 사람이 다음과 같은 고민을 털어놓곤 한다.

"상대에게 제 마음을 보여주는 게 너무 어려워요. 누군가와 가까워지는 건 너무 부담스러운 일이에요…."

"그 사람에게 너무 집착한 나머지 제가 관계를 망친 것 같아요. 그는 제가 부담스럽다네요."

"아들이 최근 들어 너무 제멋대로 굴며 말대꾸를 해요. 자식이라면 부모인 제 말을 들어야 하는 거 아닌가요?"

분명 당신도 이와 비슷한 고민을 해 본 적 있을 것이다. 이들 고민의 공통점은 바로 관계에서의 '거리감' 조율에 어려움을 겪고 있다는 것이다.

사람과 사람 사이의 거리 조절은 지구와 달 사이보다도 훨씬 더 어렵고 까다롭다. 사람은 저마다 수십 명, 많게는 수백 명과도 관계를 맺고 지낼 뿐만 아니라, 한 사람과의 관계도 때에 따라 멀어지기도 하고 가까워지기도 하며 변하기 때문이다. 심지어 한쪽과의 관계가 다른 쪽과의 관계에 영향을 미치기까지 한다.

인간관계라는 게 이렇게나 복잡한데, 그때그때 적절한 거리를 설정한다는 게 어디 쉬운 일이겠는가. 평소 사이가 좋던 사람들끼리도 싸울 수 있고, 절대 배신하지 않을 것 같던 사람이 나를 저버리기도 한다.

이렇게 인간관계에서 상처를 받다 보면 어떤 경우엔 자연스레 이런 생각까지 든다. '구태여 피곤하게 다른 사람들과 섞여 살아야 할 필요가 있을까? 그냥 편하게 혼자서 살면 안 될까?'

하지만 이는 당신의 진심이 아닐지도 모른다. 당신

은 사람이 싫은 게 아니라, 상대와의 관계가 기대만큼 잘 풀리지 않아 잠시 지쳤을 뿐이다. 사람에게 치이고 상처받는 데 지쳐서, 사람과 멀리 떨어진 조용한 나만의 동굴에서 쉬고 싶어진 것이라는 얘기다. 이는 당신이 못나거나 나빠서 벌어지는 일이 절대 아니다. 누구나 겪을 수 있는 한때의 어려움일 뿐이다.

이 책은 이처럼 인간관계에서의 거리감 조율에 어려움을 겪고 있는 사람들을 위해 쓴 것이다. 이 책에서 나는 오랫동안 수많은 내담자의 고민을 들어주며, 혹은 일상에서 직접 주변 사람들과 부대끼며 느꼈던 것들을 다양한 사례와 경험을 중심으로 진솔하게 풀어내고자 했다. 또한 용기를 내서 다가가야 할 때 다가가지 못하거나, 단호하게 경계를 지어야 할 때 경계를 짓지 못하는 사람들에게 도움이 될 만한 내용도 함께 담았다.

사람에 지친 당신이 이 책을 읽으며 가족, 연인, 친구, 이웃 등 다양한 관계에서 지나치게 가까워지거나 멀어져서 생길 수 있는 고민을 해결하고 상처를 치유하길 바란다. 그리고 적절한 관계를 맺어 나가는 자기만의 가치관과 노하우를 발견할 수 있다면 저자로서 더 바랄 게 없을 것이다.

끝으로, 좋은 관계란 결국 나 자신과의 관계를 잘 맺는 것에서부터 시작한다는 사실을 반드시 기억하길 바란다. 내가 어떤 사람인지, 무엇을 좋아하고 무엇을 싫어하는지, 어디까지 참을 수 있고 어디까지 받아들일 수 있는지를 잘 알고 있어야 타인과 너무 멀어서 외롭지도, 너무 가까워서 버겁지도 않게 기분 좋은 관계를 맺을 수 있다.

이 책의 사례들을 각자 자신의 경험에 하나하나 적용해보면서, 그간 스스로의 마음을 얼마나 분명하게 자각하고 보듬어 주었는지 돌이켜보자. 그리고 살면서 만났던 다양한 사람들과의 거리는 어떠했는지 한 번쯤 돌아보면 좋겠다. 이 책이 그런 여러분의 고민을 아주 가까이서 위로하고 해결해 줄 수 있는 좋은 친구가 되길 진심으로 바란다.

2장 사람이 싫은 게 아니라 상처가 싫은 거였다

4장 너무 가깝지도 너무 멀지도 않게

1장

나쁜 감정도 내 감정이다

나와의 거리두기가 필요하다

누구나 삶이 지치고 힘든 때가 있기 마련이다. 내가 초래한 일이든 우연히 생긴 일이든 간에 갑작스레 흔들릴 수밖에 없는 순간을 마주할 때가 있지 않은가. 바로 이런 순간에 내가 어떻게 대처하고 있는가를 바라보면 자신의 진정한 강점과 약점을 발견할 수 있다.

물론 그 방식은 사람마다 제각각이다. 그러나 이들 가운데 가장 말리고 싶은 방식이 있다. 그것은 바로 사람들과의 접촉을 멀리한 채 자기만의 생각의 동굴로 깊숙이 들어가는 것이다.

일상에서 자기 자신에 대해 깊게 생각하고 스스로

를 들여다보는 것은 좋은 습관 가운데 하나다. 하지만, 스트레스나 역경의 순간엔 그렇지 않다. 자기 자신의 생각에만 매몰되어 괴로움을 곱씹다 보면 그 생각의 굴레에서 벗어나기가 쉽지 않으며, 그렇게 이어진 생각의 끝 또한 긍정적으로 마무리되는 경우가 극히 드물다. 결국 답을 찾기 위해 시작한 생각이 도리어 함정이 되어 우리 자신을 소진시키고 만다. 실제 상담 과정에서도 생각이 지나치게 많은 내담자들의 경우, 행동으로 옮긴 것이 하나도 없는데도 불구하고 복잡한 생각만으로도 이미 지쳐서 에너지가 소진되어 있기도 하다.

생각이 너무 많아서 복잡해진다면, 그리고 삶이 너무 지치고 힘들다고 여겨진다면, 자기만의 동굴에 틀어박히는 대신 세상 밖으로 나와서 잠깐이라도 움직여볼 것을 권한다. 사람들과 이야기를 하거나, 산책을 해보는 것도 좋다. 때때로 행동의 힘은 사고의 힘보다 몇 배 더 위대하다. 생각이 정리되어야 일이 해결되는 것이 아니라, 행동하다 보면 힘이 나면서 점차 일상에서 해결책을 찾아나갈 수도 있다.

최고가 아니어도, 실수해도 괜찮다

상담실을 찾아온 청년 진성 씨는 목표를 이루지 못할까 봐 두려워하거나 막막해하는 사람은 아니었다. 그를 괴롭히는 건 실패라는 결과가 아니라 성취하는 과정에서 찾아오는 불편감이었다. 과업이 주어질 때마다, 그는 늘 스스로를 지나치게 타이르고 채찍질했다. 그로 인해 결과물은 언제나 좋았지만, 정작 본인은 실패할까 두렵고 불안해서 잠도 편하게 못 잤다고 했다.

다른 청년 재열 씨는 이와는 반대였다. 충분한 역량을 가졌음에도 불구하고, 자신이 계획한 것들을 거의 지키지 못하고 미루기를 반복하여 결국 마감일을 못 지키거나 중간에 포기하기 일쑤였다. 그 결과 남들에게 신뢰를 잃은 것도 문제였지만, 그보다도 더 힘든 것은 자기 자신이 너무 실망스러워 불쑥불쑥 화가 난다는 것이다.

이 두 청년은 겉보기에 매우 달라 보이지만, 저 깊숙이 숨어 있는 마음 일부분은 매우 닮아있다. 둘 다 '지나치게 잘하고 싶어서 극도로 불안해하는' 동일한 마음을 가지고 있는 것이다. 한 청년은 실패할까 봐 불안해하고 염려하면서 자신을 최대한으로 괴롭히느라 힘든 것이고, 다른 한 청년은 실패할까 염려하며 완벽을 추구하다가, 최고로 잘하지 못할 바에 아예 시작조차 하지 않는 것이다.

이들의 '잘하고 싶다'라는 마음은 일반적인 경우와 조금 다르다. 그 정체는 '최고로, 누구보다도 잘하고 싶다'라는 강박감이다. 최고로 잘하고 싶은 마음 깊숙이에는, 이미 '난 못났기 때문에 최고가 될 수 없을 것 같다'라는 열등감이 있는 경우가 많다. 그렇기 때문에 열심히 하든 그렇지 않든, 결과가 좋든 좋지 않든 간에 최고가 되고 싶은 이들은 늘 불안하기 마련이다.

　진성 씨와 재열 씨 모두 스스로를 비난하는 대신, 자신을 가장 가까이서 위로해줄 사람은 바로 자기 자신임을 알아야 한다. 이들이 스스로를 따뜻하게 토닥이면서 이렇게 위로해주면 좋겠다. "최고가 아니어도 괜찮고 실수해도 괜찮아. 이대로도 충분해… 정말 애썼어…."

　이처럼 많은 사람이 지나치게 '잘하고 싶다'라는 욕망을 가슴속에 품고 산다. 당신 또한 그렇다면, 자신을 가장 가까이서 이해하고 위로해 줄 사람은 자기 자신뿐이라는 사실을 반드시 기억하자.

나쁜 감정도 내 감정이다

화를 내지 못하는 성격의 30대 후반 정현 씨는 단 한 번이라도 속 시원히 화를 내고 싶다며 상담을 받기 시작했다. 마침 직장에서도 정현 씨와 미묘한 갈등상태에 있는 동료가 한 명 있는데, 그를 상대하다 보면 종종 자신이 '호구'처럼 느껴진다는 것이다. 대체로 맞춰주는 게 편하긴 하지만, 가끔은 말도 안 되는 불의의 상황에서조차도 자신이 상대방에게 하나하나 모두 맞춰주고 있는 이 상황이 너무 힘들다고 했다.

이야기를 나누며 문제의 원인을 찾아가다 보니, 정현 씨의 어린 시절까지 파고들게 되었다. 정현 씨의 어머니는 정현 씨가 어릴 때부터 정서적으로 불안정했던 것 같다. 하나뿐인 딸에게 잘해줄 때와 그렇지 않을 때의 차이가 너무도 커서 정현 씨는 어머니의 비위를 맞추기가 힘들었고, 어머니는 그런 정현 씨에게 정서적으로 무척 의지했다. 정현 씨가 어머니에게 조금이라도 불편함을 표현할라치면, 어머니는 그런 정현 씨를 모질고 못됐다는 식으로 거세게 비난하였다. 30대 후반이 되어서도 정현 씨는 어머니에게 정서적으로 분리되지 못한 채, 노모의 유일한 친구가 되어 지내고 있었다. 그런 정현 씨의 마음 한편에는 어머니에 대한 짜증도 자리 잡고 있었지만, 한편으로는 '엄마를 만족시키지 못했다'는 죄책감으로 가득했다. 그것이 남에게 무조건 맞춰 주는 성격으로까지 굳어진 것이다.

그런 정현 씨에게 상담자로서 내가 가장 먼저 해주었던 말은 "그간 힘들었던 건 당연하고, 정말로 힘들 만했다"라는 한마디였다. 이 말은 그간의 마음고생을 어머니에게 인정받지 못했던, 그 진솔한 감정을 누구에게도 토로할 수 없었던 정현 씨에게 가장 필요했던 말이었다.

나지막한 이 한마디에, 정현 씨는 한 시간을 내리 울기만 했다.

힘든 건 그만큼 힘들 만했기 때문이고, 미치도록 화가 나는 건 그만큼 화가 날 만했기 때문이다. 내 감정에 대해서 내가 아닌 타인이 그렇다 아니다 재단할 수 없고, 그래서도 안 된다. 실제로 정현 씨는 상담을 통해 자신의 힘든 감정을 있는 그대로 인정받기 시작하면서부터, 그간 깨닫지 못했던 속마음을 인정하고 솔직하게 표현하기 시작했다. 자신의 마음을 고스란히 표현해내기 위해선 이에 대한 이해와 인정이 선행되어야 할 것이다. 내 감정의 주인은 나임을, 잊지 않아야 한다.

부정적인 감정으로부터 도망치지 마라

재훈 씨는 20대 후반 대학생으로, 성격이 밝고 적극적이어서 친구도 많았다. 대학에서 공부를 열심히 하는 편은 아니었으나 그렇다고 아예 공부를 싫어하거나 못하는 편도 아니어서, 성적은 중간보다 살짝 아래 정도였다. 남들보다 휴학도 더 많이 했고, 군대 다녀오는 시기도 애매하게 겹쳐 친구들보다 졸업도 몇 년은 늦어지고 있었다.

상담실을 찾은 재훈 씨의 고민은 조금 특이했다. 그의 고민은 취업을 생각하면 크게 걱정이 되다가도, 금방 어떻게든 잘 풀릴 것 같다는 근거 없는 자신감이 생기ㄸ

모든 일이 귀찮아진다는 것이었다. 그 결과 재훈 씨는 취업 공부나 영어 공부, 전공 공부 등 해야 할 것이 엄청나게 많은데도 불구하고, 몇 시간씩 스마트폰 게임을 하거나 대낮에도 서너 시간 낮잠을 자 버리곤 했다. 재훈 씨는 그런 자신이 스스로도 이해가 되지 않는다고 했지만, 정작 그렇게 말하는 표정은 아무런 걱정도 없어 보였다.

재훈 씨는 자기가 좋아하는 일들, 가령 친구를 만나거나 일상의 즐거운 일들을 하는 상황에서는 대체로 어려움이 있어도 잘 적응하는 사람인 듯하다. 하지만 자신에게 걱정이나 스트레스가 될 만한 일들은 꼭 해야 할 일임에도 불구하고 전혀 맞닥뜨리지 않고서 교묘히 회피하고 있는 것으로 보였다. 젊은이들이 취업을 위해 얼마나 많은 시간을 할애하며 정신적으로 힘들어하는가? 그런 고통을 지나치게 크게 받아들이는 것도 문제라면 문제지만, 재훈 씨처럼 고통스러운 현실을 회피하면서 무턱대고 '긍정의 가면'만 쓴 모습도 참으로 안쓰러운 모습이 아닐 수 없었다.

분노, 짜증, 불안, 초조와 같은 부정적 정서도 즐거

운 정서만큼이나 소중한 감정이며, 이 감정들 또한 자각하고 표현할 수 있어야 한다. 재훈 씨가 취업 걱정을 하지 않고 낮잠을 잔다고 해서 재훈 씨가 부정적 정서를 경험하지 않는 것일까? 절대 그렇지 않다. 재훈 씨의 부정적인 정서는 단지 표현되지 않았을 뿐이다.

다행스럽게도 상담을 통해 재훈 씨는 자신의 부정적인 정서를 인정하고 표현하기 시작했다. 그러면서 재훈 씨는 점차 자신이 마주하고 있는 취업이라는 부담스러운 현실을 인정하기 시작하였고, 더 이상 잠과 게임으로 도망가지 않았다. 긍정적인 감정에만 집중한다고 해서, 내 안의 부정적인 감정들이 사라지는 것은 아니다. 때로는 괴롭더라도 힘들고 암담한 현실을 피하지 말고 받아들여야만 한다.

후회가 짧을수록 성장은 길어진다

정도의 차이가 있겠지만, 살면서 때때로 후회할 일들이 생기지 않는다면 아마 거짓말이지 싶다. 해낸 일이 마음에 들지 않았을 때나, 인간관계에서 괜한 말이나 행동을 했던 경우 등등…. 그 당시로 다시 돌아가서 내가 했던 말과 행동을 바로 잡아주고 싶었던 그런 순간들을 다들 경험한 적 있을 것이다.

30대 중반 성윤 씨는 인간관계에 진심을 기울이는 사람으로, 직장에서건 교회에서건 자상하고 사람 좋다는 평을 언제나 들어왔다. 관계에 있어서 워낙에 섬세한 데다가 눈치도 빨라서 대인관계를 잘 맺어왔다고도 이야기했다. 하지만 그런 성윤 씨에게도 인간관계 고민이 있었다. 바로 자신이 했던 말과 행동을 하나하나 떠올리면서 자기 검열하는 데 귀가 후 시간의 대부분을 사용한다는 것이다. 혹시 자신이 실수한 것은 없었는지, 상대방이 자신의 행동과 말을 어떻게 생각했을지 등을 천천히 떠올리며 생각에 생각을 거듭한다고 말했다. 그리고 매번 자신이 실수한 것들이 떠올라 자책하고 후회하느라 며칠 동안이나 마음고생한다고도 이야기했다.

자신을 깊게 성찰하고 되돌아보는 이러한 성윤 씨의 행동이 긍정적으로 보일지도 모르지만, 이미 지나가 버린 과거에 지나치게 많은 에너지를 사용하고 있다는 점은 분명해 보인다. 물론 후회막심한 지난 일들을 떠올리며 반성하는 시간도 우리에게 필요하긴 하다. 그렇게 우리 행동을 반추하고 채찍질하는 과정을 통해 적어도 몇몇 후회할 일들은 막을 수도 있으니 말이다.

다만, 보통 우리가 사용하는 에너지의 최소 2/3 정도는 현재를 위해 사용해야 하는데, 지나치게 '과거'에만, 그것도 과거의 잘못에만 머물러 곱씹는 데에 에너지를 거의 사용한다면 이는 현재를 사는 데에 당연히 방해가 될 수밖에 없다.

　게다가 성윤 씨는 매우 섬세하고 자상한 사람인지라 분명 누가 보아도 인간관계를 대체로 잘 해왔을 게 틀림없었다. 오히려 성윤 씨는 인간관계에서의 지나친 예민함으로 인해 남들이 인식조차 못 하는 작디작은 에피소드에 집착하여 그것에 신경 쓰면서 자신의 잘못을 곱씹고 또 곱씹어 왔을 것이다. 그러나 아무리 곱씹어도 과거를 변화시킬 수는 없는 법이다. 그러니 지난 일이 후회될 때면 가급적 그것으로부터 빨리 벗어나 현재에 좀 더 많은 에너지를 사용해 보는 습관을 들여 보면 어떨까 싶다. 과거에 지나치게 매달리는 것도 습관이니 말이다.

가족을 미워해도 괜찮다

'가족이니 사랑으로 감싸야 한다'라는 말은 어떤 사람에게 있어서는 매우 잔인한 말이 될 수 있다. 이렇게 말하는 이유는 가장 가까운 가족들에게 큰 상처를 받고 그 아픔을 오래도록 간직한 채 살아가는 분들을 적잖게 만난 탓이기도 하다.

고등학생 경은 씨는 끊이지 않는 부모님의 싸움에 진절머리가 났다. 아버지와 곧 이혼할 것이란 말을 어머니로부터 몇 년째 들어왔고, 아버지는 엄마와 크게 싸울 때마다 집을 나가길 반복하다가 언젠가부터는 아예 짐을 싸서 지방으로 내려갔다. 워낙에 무책임한 아버지였던 데다가, 가끔은 엄마와 싸우다가 불똥이 튀어 경은 씨를 때리거나 집안 물건을 던지는 등 폭력을 일삼아온 그였기에, 경은 씨는 어린 시절부터 아버지를 미워해 왔다. 그에 비하면 엄마는 경은 씨에게 아버지보다 백배 나은 대상이었다. 엄마 역시 불안정한 분이긴 했으나 그래도 경은 씨에게 위로가 되어주는 보호자였다.

아버지가 곁에 없으니 눈에 보이는 싸움은 없었지만, 시간이 흐를수록 경은 씨는 엄마 역시 아버지와는 또 다르게 무척 감당하기 쉽지 않은 사람이라는 것을 거듭 경험하게 되었다. 경은 씨의 엄마는 집에 딸을 혼자 둔 채 친구들과 밤새 술을 마시고 집에 들어오지 않는가 하면, 남자 친구라 자처하는 사람을 데리고 나타나기도 했다. 경은 씨는 주변 친구들처럼 철없는 마음으로 편하게 엄마로부터 용돈 한번 제대로 받을 수도 없었다. 그런 엄마에게 서운함과 속상함과 같은 불만을 이야기하고 싶지만, 용기 내어 이야기를 어렵사리 꺼내놓을라 치면 엄마는 감정적으로 폭발하여 경은 씨에게 집을 나가버리라고 하는 등의 막말을 일삼았다. 그런 엄마와의 대화는 현실적으로 불가능했다. 이야기하는 내내 한숨 쉬었다 울기를 반복하는 경은 씨는 누가 보더라도 심하게 무력해 보였다.

경은 씨는 나를 만나자마자 아빠가 얼마나 어이없는 사람인지부터 이야기하기 시작하여 온갖 분노와 증오심을 쏟아내었다. 하지만, 엄마에게 화가 나는 마음은 5분도 채 말하지 못했다. 겨우 엄마에 대한 불만을 꺼내다가도, 이내 그 말을 거두어들이고 다시금 엄마의 좋은 점들을 되뇌며 '엄마는 그래도 좋은 사람이에요'라며 변명하고 나서야 마음이 놓이는 듯했다.

어쩌면 경은 씨는 아빠보다도 엄마에게 더 큰 억울함과 분노를 품고 있었을지 모른다. 아버지는 워낙에 포기한 지 오래여서 기대조차도 하지 않은 사람이었지만, 엄마와의 관계에서는 매일이 기대의 연속이었을 것이다. 하지만 날마다 그런 엄마에 대한 실망이 쌓여갔으니, 아직 어린 경은 씨가 얼마나 크게 상처받고 힘들었을지 충분히 상상할 수 있었다. 이런 경은 씨에겐 아빠뿐만 아니라 엄마에 대한 복잡미묘한 마음까지 솔직하게 꺼내어 이야기할 수 있도록 돕는 일이 필요했다. 적어도 상담 시간에서라도 말이다.

엄마에 대한 경은 씨의 감정은 복합적이었다. 엄마에 대해 밉고 원망스러운 마음도 컸지만, 또 한편에는 소중한 감정들도 있었다. 경은 씨에게는 이러한 복합적인 마음 모두를 꺼내어 이야기하는 과정이 필요했다. 상담을 통해 경은 씨는 엄마에게 쌓아둔 분노를 점점 더 많이 표현하기 시작했다. 아이러니하게도 쌓아둔 분노와 힘든 감정들을 쏟아내고 나자, 오히려 경은 씨의 부정적 감정은 줄어들었다. 그리고 그 분노가 덜해지니, 감정에 압도되지 않고 차분해졌다. 이로써 경은 씨는 점차 엄마와 더 대등하게 소통하고 불만도 좀 더 쉽게 표현하면서 의견을 조율할 수 있게 되었다.

사랑하는 엄마라도, 당연히 미워해도 괜찮다. 미워할 만하니 미워하는 것이고, 증오하고 분노할 만하면 그렇게 표현할 수도 있다. 상처받은 가족에게 원망조차 표현하지 못할 때, 그 미움엔 분노와 원망이 덧칠되어 응어리가 더 커져만 간다. 분노하는 내 마음을 발견하고서 그것을 안전한 누군가에게 꺼내 놓길 반복하면, 오히려 내가 진정으로 원하는 것이 무엇인지 알게 되고 상대방에게 화가 나는 마음의 크기도 더 줄어들게 된다.

이제 경은 씨는 엄마도 때때로 미워할 수도 있게 되었다. 경은 씨가 처한 상황은 예전과 달라진 것이 크게 없지만, 엄마에 대한 불편한 마음을 받아들이고 표현하기 시작한 것만으로도 경은 씨는 일상을 훨씬 더 가볍게 살아가고 있다.

부모라도 끊어내야 할 때가 있다

창호 씨는 평범한 인상의 30대 중반 남성이었다. 그는 평소에 부정적인 생각이 너무 많이 들고 매사에 자신이 없으며, 특히 무언가 결정을 내릴 때마다 유난히 힘이 든다고 호소했다. 소위 남들이 좋다고 평가하는 안정된 직장에 다니고 있고, 학창 시절부터 성적도 최상위여서 좋은 대학을 나왔는데도 말이다.

창호 씨는 어린 시절부터 자기는 엄마 때문에 뭐든지 열심히 했다고 이야기했다. 아버지가 창호 씨 초등학교 저학년 무렵 실직한 이후 지금까지 이렇다 할 직업이 없이 지내는데, 그때부터 엄마가 아버지 대신 이 일 저

일 하면서 집안의 가장 노릇을 해 오셨다는 것이다. 엄마는 틈만 나면 창호 씨를 붙들고 힘든 이야기를 쏟아냈고, 너만큼은 열심히 해서 사람 구실 하라는 말을 평생 되풀이하셨다. 창호 씨는 그런 엄마가 짠하고 안쓰러운 마음이 들어서 결코 엄마를 실망시키지 않겠다는 마음으로 열심히 공부했다.

그 결과 엄마는 지금까지도 창호 씨와 함께 살면서 아들의 일거수일투족에 관여하고 있었다. 창호 씨의 진로 결정은 물론, 언젠가부터는 연애와 인간관계까지도 간섭하신다는 것이다. 결국 창호 씨는 결혼까지 생각했던 여자 친구가 그간 두 번이나 있었음에도 엄마의 과한 관여와 반대로 결국 헤어지게 되었다.

이렇게까지 되자 창호 씨는 모든 것이 혼란스럽다고 이야기하였다. 그리고 최근 한 여자를 좋아하게 되었는데, 엄마가 알게 되면 그 상대마저도 이런저런 이유로 반대할 것만 같아서 너무도 스트레스받고 힘들다고도 했다.

천천히 들어보니, 창호 씨는 자신의 인생을 스스로

판단해서 결정하고 그것에 책임져 본 경험이 너무도 부족한 듯했다. 창호 씨는 자신이 원하는 것보다도, 엄마가 원하는 기준들을 충족시키기 위한 삶을 산 것이나 다름없어 보였다. 남편의 무능함을 자식을 통해 보상받고 싶었던 이 어머니의 마음도 어느 정도는 헤아릴 수 있으나, 현재 어머니가 창호 씨에게 보이는 행동은 애정의 수준을 넘어선 집착에 가까웠다.

그러나 우리 각자에겐 자신의 인생을 스스로 결정하고 책임질 의무가 있다. 이를 위해선 과감하게 가족 관계로부터 도망치는 결정을 해야 할 필요도 있다. 그것은 결코 지금까지 키워 준 부모님의 은혜를 저버리는 반인륜적인 행위도, 몰상식하고 이기적인 행동도 아니다. 이런 결정을 통해 당분간 더 많은 갈등과 상처가 따를 수 있겠지만, 언젠간 한 번쯤 겪어야 할 수순이 아닐까 싶다. 본인의 행복을 자신의 힘으로 성취해 내겠다는 의지가 바탕이 되어야, 창호 씨는 사랑하는 여자를 만나 자신의 가정을 꾸리면서 비로소 엄마의 삶이 아닌 진정한 자신의 삶을 살아 나갈 수 있게 될 것이다.

찌질한 마음도 내 마음이다

효영 씨는 30대 초반 직장인으로, 6개월 전에 2년 사귄 남자 친구와 헤어졌다. 남자 친구와 가끔 싸운 적은 있었지만 이번만큼은 참을 수가 없어서 효영 씨가 이별을 통보했고, 남자 친구도 효영 씨를 몇 번 붙잡다가 결국은 헤어지게 되었다는 것이다.

효영 씨는 동갑내기 남자 친구를 사랑했고 서로 결혼도 꿈꾸며 진지하게 만남을 가졌다고 이야기했다. 그러던 어느 날 효영 씨는 남자 친구가 SNS로 다른 여자와 나눈 대화를 우연히 보게 되었는데 그 둘의 관계는 누가 보더라도 일반적인 친구 관계 그 이상이었다. 남자 친구를 늘 믿어왔던 효영 씨로서는 신뢰감을 상실한 그 자체가 이미 큰 상처였고, 남자 친구의 그 어떤 변명도 귀에 들어오지 않았다. 결국 그 이후 두세 달은 만났다 헤어졌다를 반복하다가 이들은 결국 이별에 이르게 되었다.

효영 씨의 친구를 비롯한 주변 사람들 모두가 한목소리로 효영 씨를 위로해 주었고, 효영 씨는 그럭저럭 상처받은 마음을 안고서 힘든 채로 일상을 살아 나갔다.

처음 한 달까지는 헤어졌다는 것에 속도 시원하고 기분이 좋은 구석도 있어서 오히려 마음이 편안했다. 하지만 헤어진 지 3개월 정도가 되면서부터, 갑자기 헤어지자고 한 자기 행동이 너무도 후회되고 괴로운 마음이 들기 시작했다. 밤마다 잠들기도 힘들고 슬픈 마음에 압도되어 매일매일 울며불며 힘든 시간을 보내게 된 것이다. 결국 그녀는 남자 친구 사진을 밤마다 하염없이 바라보고 있다가도 그런 자신이 너무도 바보 같고 찌질해 보여 우울해하기 일쑤였다. 게다가 현재 그 남자 친구는 이미 다른 여자 친구가 생긴 상태라서, 자기만 이렇게 괴로워하고 있는 것에 자존심도 상했다.

연인과 헤어졌을 때, 더욱이 이렇게 큰 상처를 안은 채 헤어졌을 때 우리는 자존심을 보호하고 싶은 마음에 더더욱 스스로에게 '강해져야 한다'는 최면을 걸게 된다. 하지만, 효영 씨가 헤어진 이후 시간의 흐름에 따라 보여주었던 행동들은 지극히 정상적인 반응이라 할 수 있다. 상실에 대응하는 방식에는 개인차가 있기 마련인데, 어떤 사람은 처음엔 괜찮았다가도 시간이 지날수록 점점 더 힘들어지는 사람이 있는가 하면, 어떤 사람은 처음에는 극도로 괴로워하다가 점차로 괜찮아지는 사람도 있다. 또 어떤 사람은 계속 아무렇지도 않다가 갑작스레 몇 년 이후에 힘들어하는 사람도 있다.

그러니 효영 씨 행동은 절대 찌질한 것도, 약한 것도 아닌 지극히 평범한 반응이라 할 수 있다. 오히려 상처받고 힘든 마음으로 괴로워하면서도 그렇지 않은 척, 괜찮은 척하느라 멀쩡한 기계처럼 살다가 훨씬 더 이후에 더욱더 큰 상실감과 우울감이 찾아온 사람들도 본 적이 있다.

힘든 일을 겪으면서 스스로의 감정이 일반적이지

않다 하여 자신을 찌질하다거나, 멘탈이 약하다거나, 한심하다고 여기지 말자. 똑같은 이별이라 해도 어떤 사람에겐 그것이 지나가는 살랑살랑한 바람으로 여겨지는가 하면, 또 어떤 사람에겐 태풍과도 같이 거세게 느껴질 수도 있으니 말이다.

당분간 효영 씨는 상처와 상실감으로 힘들고 상처받은 마음을 가까운 사람들, 또는 상담자와 나누면서 충분히 애도하는 시간을 가지기로 했다. 그런 시간을 갖고 나면, 어느새 슬픔이 자리 잡았던 마음에 새싹이 돋아나면서 효영 씨는 서서히 일상을 회복할 수 있게 될 것이다. 그러니, 상처받아 힘든 순간에는 강한 척하는 대신 오히려 최대한 찌질할 수 있는 만큼 찌질해져 보는 건 어떨까.

남을 배려하기 전에 나부터 배려한다

어느 젊은 엄마가 내게 한숨을 쉬며 하소연한 적 있다. 연년생 자녀를 두고 있는데, 그중 다섯 살인 둘째가 너무도 이기적이라는 것이다. 고작 다섯 살인 사내아이가 얼마나 이기적이기에 엄마가 이토록 열변을 토할까 싶어서 상세히 들어보았다. 요즘엔 ADHD특성을 가진 아이들을 비롯하여 다양한 심리적 문제를 겪는 아이들이 많기에, 혹시 그로 인해 이 엄마가 힘들어하는 것일까 싶어서 요리조리 질문도 열심히 하면서 이야기를 나누었다.

그러나 이야기를 들으면 들을수록, 그 아이는 지극

히 정상적인 다섯 살 남자아이였다. 다만 여섯 살짜리 형이 워낙에 성격이 온순하고 수줍어서 자기표현을 안 하는 아이인지라, 상대적으로 다소 거칠고 양보하기 싫어하는 다섯 살배기 둘째가 이 집에서 다소 튀어 보일 수 있겠다 싶었다. 게다가 부모님 모두 누가 봐도 친절하고 무척이나 예의 바른 분들이었으니 그들 시선에 막내아들의 행동이 얼마나 부적절해 보였을까 싶었다. 아니나 다를까, 이 부부가 둘째에게 가장 많이 하는 잔소리가 "넌 남을 좀 배려해야 해. 제발 양보 좀 하렴!"이라는 것이었다.

하지만 이 둘째의 모습은 자연스러운 성장 과정이다. 어릴 때, 인간은 누구나 자기밖에 모르는 시기를 거친다. 자신이 중심이 된 세계를 어느 정도 경험한 후에 자연스럽게 타인이라는 세상을 알게 된다. 다소 이기적이고 자신만 아는 시기가 지나치게 길면 문제가 되겠지만, 대부분은 점차 자기중심성에서 벗어나 타인의 시각을 배울 수 있게 된다.

그래서인지 어린아이들이 조금씩 투정 부리고 자기

중심적으로 행동하는 것이 밉기는커녕 귀여울 때가 많다. 어린아이들은 그런 식으로 자신에 몰입하며 욕구가 어느 정도 충족되면서 안정감을 갖게 된다. 그리고 점차 관점이 자신으로부터 타인에게 옮겨지면서 친구들과 부모님의 생각을 추측할 수도 있게 되는데, 그때 비로소 건강한 배려와 양보도 가능해진다. 반면 이 시기에 충분히 욕구를 존중받지 못하면 오히려 문제가 생긴다. 어린 시절 지나치게 일찍부터 배려와 양보에 대해 교육받거나 강요받아 온 성인 내담자들을 종종 만날 때가 있는데, 그들의 공통된 특성은 자신의 욕구나 감정을 과하게 억제한다는 것이다. 자녀가 타인에게 표현도 잘못하면서 남을 위해서만 배려하고 양보하기를 바라는 부모는 없을 것이다. 어린 자녀가 자기 자신부터 챙기고 어느 정도 욕심도 부릴 줄 알아야, 장차 좀 더 여유 있고 건강한 태도로 타인을 배려할 수 있다. 배려와 양보도 어느 정도는 때가 있다는 사실을 부모가 알아야 하겠다.

몸이 아프면 마음을 살펴야 한다

상담을 받으러 와서 종종 몸 여기저기가 아프다고 호소하는 분들이 있다. 간혹 정말로 신체에 이상이 있는 경우도 있지만, 대부분 심리적 원인으로 인해 신체적 증상이 나타난 경우가 많다. 이를 심리학 용어로는 '신체화'라고 한다. 마음이 얼마나 힘들고 아프면 그것이 몸 곳곳에까지 악영향을 미치겠는가. 생각하면 참으로 안타까운 일이다.

그런데 이는 의외로 많은 사람이 흔하게 겪고 있는 일이기도 하다. 주위에서 '화병'을 앓는 사람을 한 번쯤 본 적 있지 않은가? 심리적 문제 때문에 호흡 곤란이나 통증까지 동반하는 화병은 이러한 신체화의 전형적인 예다.

그렇다면 왜 마음이 아플 때 몸까지 따라 아프곤 하는 걸까? 아마도 그것은 마음의 병에 대한 우리의 인식 때문일 것이다.

우리는 몸이 아플 때 으레 누워서 쉬어야 한다고 여긴다. 몸이 아파서 쉬는 것은 자연스러운 일이므로, 잘 나을 수 있도록 주변에서 배려를 해주는가 하면 직장에서는 휴가도 준다. 그런데 마음의 병은 다르다. 만약 몸이 멀쩡한데 오로지 마음이 아프다며 드러누워 있다면, 그 모습을 고깝게 여길 사람이 적지 않을 것이다. 당사자 또한 사지 멀쩡한 사람이 침대에 누워만 있다는 생각에 마음이 편치 않을 가능성이 크다. 그런 까닭에 마음이 아플 때 몸이 아픈 것으로 방패막이를 삼는 것이 아닐까? 몸이 스스로의 안위를 위하여 마음의 아픔을 신체로 전가하는 것이다.

하지만 그렇다고 해서 아픈 마음이 몸까지 해하도록 내버려 두는 것은 좋지 않다. 아픈 마음이 몸을 학대하지 않게, 마음의 병을 방치하는 대신 먼저 자각하고 발견해서 토닥여 줘야만 한다. 그리고 마음이 힘들다는 이유로 쉬어가는 것을 부끄러워해서도 안 될 것이다.

만약 지금 내 마음이 힘들다면 무엇이 어떻게 힘든지, 그래서 어떻게 하고 싶은지 구체적으로 말해 보자. 만약 내 마음이 너무 지치고 힘이 든다면, 잠시 쉬고 싶다고 솔직하게 말해 보는 것이다.

자신의 아픔을 스스로 알아주는 것만으로도 마음은 힘을 낼 수 있다. 무작정 참고 견디려 하지만 말고, 좀 더 일찍 내 마음을 발견하고 표현해 보자. 그것이 내 마음을 더 건강하고 힘 있게 돌보는 방법이다.

잘 놀 줄 알아야 잘 털어낼 줄도 안다

힘들고 화나는 마음을 자각하는 것만큼이나 중요한 것은 그것들을 털어내는 것이다. 부정적인 마음의 존재를 깨달은 채로 마음속에 담아 두고만 있다면 얼마나 답답하겠는가? 이때 털어낸다는 것은 내가 힘들어하고 있는 지금 그 문제를 아주 작게 축소시킨다는 것과 같은 의미이다.

털어내는 방법은 그리 거창하지 않다. 가장 흔한 방법 가운데 하나는 쌓아놓았던 힘든 감정들에 대해 다른 사람과 속 시원히 대화를 나누는 것이다. 그림을 좋아하는 사람이라면, 속상한 마음을 그림으로 자유롭게 표현해 보아도 좋다. 그림 그리는 과정에 한껏 몰입하여 부정적인 에너지를 쏟아낼 수 있기 때문이다. 달리기를 좋아하는 사람이라면 달리면서, 드럼을 치는 사람은 드럼을 두들기면서 걱정과 분노의 에너지를 쏟아부어도 좋다. 곰곰이 살펴보니, 그림 그리고 대화 나누고 달리고 드럼 치는 이런 행동들이 모두 '놀이'가 아니던가.

나 또한 언제부턴가 스트레스를 받거나 울적할 때 그림을 쓱쓱 그려보곤 했는데, 무척 위안이 되었다. 부드럽게 삭삭 색칠하는 과정이 마치 나 자신을 도닥거리고 위로하는 느낌도 들었던 것 같다. 그렇게 선과 면을 만들고 채우는 과정에 몰입하면서, 울적했던 마음은 어느새 완성될 그림에 대한 호기심과 즐거움으로 변하곤 했다.

공부나 일을 잘하는 것만큼이나, 잘 놀 줄도 알아야 내 안에 차곡차곡 쌓인 힘든 감정을 쓰레기통 비우듯 시원히 비워낼 수 있다. 어떤 놀잇감을 내 곁에 두어야 할지, 행복한 고민을 해 보길 바란다.

말이 아니라 감정이 안 통하는 것이다

어떤 관계든 서로 친밀감을 느끼기 위해서는 소통이 가장 중요하다. 이때 소통이 잘 된다는 것은 서로 정서적 소통이 원활하게 이루어진다는 것을 의미한다. 정서적 소통이 서로 원활하다는 것은 정서적인 소통 수준이 서로 비슷하다는 뜻이기에, 그 수준 차이가 크다면 정서적 소통을 더 잘하는 사람들이 그렇지 않은 사람에게 대개는 답답함이나 무료함을 느끼기 쉽다.

혜인 씨는 남자 친구와 만난 지 3개월째인데, 처음엔 남자 친구가 유머러스하고 착한 사람 같아서 마음에 들었다고 하였다. 하지만, 만나면 만날수록 남자 친구에게 무엇인가 미묘하게 불편한 마음이 생긴다고 말했다. 한번은 혜인 씨가 직장 동료와 생겼던 갈등에 대해 남자 친구에게 이야기한 적이 있었다. 그때 남자 친구는 혜인 씨의 이야기를 자세히 들으면서, 직장에서 맡은 업무의 공정성이나 갈등을 일으키고 있는 두 사람의 문제점에 대해 상세히 객관화를 해주었다고 했다. 혜인 씨가 보기에, 남자 친구는 혜인 씨가 직장 동료로 인해 얼마나 마음의 상처를 받았는지, 현재 어떤 점이 특히 힘든지에 대해서는 관심이 없는 것 같았다. 겉으로는 일종의 문제 해결을 원하며 남자 친구에게 이야기한 것이지만, 혜인 씨가 남자 친구와 진정으로 이야기 나누고 싶었던 것은 깊은 공감대를 형성하면서 자신의 마음을 위로받고 싶었던 것이다.

이러기를 수차례 반복하면서 혜인 씨는 점차로 남자 친구에 대한 마음이 식어만 갔고 결국 남자 친구에게 이별을 고하고자 결심하기에 이르렀다.

결국, 끼리끼리 가까워진다는 말은 어쩌면 정서적 소통이 비슷한 사람들끼리 가까워지기 마련이라는 의미가 아닐까 싶다. 정서적인 소통 수준이 어느 정도 비슷한 사람들이 만나야만 서로 불편감을 덜 느낄 수밖에 없을 것이니, 정서적 소통에 능숙한 사람들은 상대방도 그러한 사람이어야만 어느 정도 소통이 원활해지면서 만족감을 느낄 수 있을 것이다. 이와 마찬가지로, 정서적 소통을 잘 못하는 사람들도 자신과 비슷한 사람들을 만나야만 별다른 갈등 없이 무난하게 소통하며 관계를 이어 나갈 수 있겠다.

이러한 관점에서 볼 때 지금 내 옆에 있는 연인의 정서적 성숙도는 어쩌면 나의 정서적 소통 수준을 비춰줄 수 있는 거울은 아닐까? 하고 생각해 본다.

화목한 가정이라는 고정관념에서 벗어나라

'화목한 가족'을 떠올릴 때 각자 머릿속에 떠오르는 사진첩 같은 것들이 하나쯤은 있다. 여러분에게 그려지는 이미지는 어떠한가? 온 가족이 단란하게 교회에 가는 모습, 모여서 화기애애한 대화를 나누며 식사하는 모습, 딸과 공원에서 놀아주는 아버지 모습 등 생각만 해도 기분 좋아지는 장면들이 아닐까 싶다.

하지만, 방금 떠올린 그런 이미지들은 그저 다양한 가족이 보여줄 수 있는 수만 가지 에피소드 중 단지 몇몇 장면들에 불과하다. 즐거운 대화를 나누며 식사를 나눈다고 해서 그 가족이 서로 얼마나 친밀하고 즐거운 관계인지 알 수 없으며, 온 가족이 함께 웃으며 교회에 나간다고 해도 서로 어느 정도 가까운 사이인지는 그 겉모습만으로 판단할 수 없다.

사실상 어느 가족이건 간에 들추어 보면 좋을 순간만큼이나 힘든 순간들도 무척 많다. 고민이나 근심 없는 가족은 사실상 없다고 하는 편이 정답에 더 가깝다. 여러분의 가족을 한번 떠올려 보면서, 좋은 경험들과 싫고 괴로운 경험들을 파노라마처럼 펼쳐놓아 보자. 그리고 그 경험들의 총합을 더해 본다고 가정할 때, 그 총합이 좋은 쪽에 조금이라도 가깝다면 여러분의 가족은 대체로 화목하고 행복한 가족이라고 할 수 있다.

그러니 주변 사람들의 대화 속 이야기들이나 드라마에 나온 행복한 에피소드들을 떠올리면서 자신의 가정과 비교하며 너무 주눅들 필요는 없다. 늘 행복하고 좋기만 한 가정은 없다. 어느 가족이든 간에 좋을 때와 힘들 때, 웃을 때와 화날 때를 수도 없이 반복하면서 사는, 그런 모습들이 가장 인간적이고 자연스런 우리네 모습이 아니겠는가?

나답게 사는 것이 가장 멋진 것이다

어느덧 적지 않은 나이가 된 탓인지 모르겠지만, 언제인가부터 '누군가를 닮고 싶다'라는 생각이 들지는 않는다. 부족함이나 아쉬운 점이 많아도 지금 나에 대해 그럭저럭 만족하고 지낼 만하다. 꽤 오랜 기간 상담을 해왔고 상담 공부를 해온 지도 나름 오래된 사람이다 보니, 나의 성정이 원래부터 그럴 것이라고 생각하는 사람들도 있겠으나, 전혀 그렇지 않다.

20대 상담 초심자 시절, 나는 대학원에 다니며 대학상담센터에서 2년간 상담 수련을 받았다. 상담자가 되려면 공부와 상담 실습을 병행해야 하기에 보람된 만큼 고된 날들도 많았다. 그 시절 상담센터에서 책임연구원으로 근무했던 한 선배는 나를 비롯한 우리 또래 후배들에게 일명 '카리스마 선배'로 통하던 화끈하고 리더십 강한 분이었다. 상담센터에서 일을 하면서 그 선배에게 혼나기도 참 많이 혼났지만, 그럼에도 그 선배에게 혼나는 것은 그다지 기분 나쁘지 않았던 것 같다. 혼내고 나면 불러서 달래주었고, 또 합리적인 편이어서 화를 내거나 급히 일을 시키는 데에는 대부분 설득력 있는 이유가 있었다. 생각해 보면, 그것이 바로 그 선배가 가진 리더십이었을 것이다.

내겐 선배의 그런 모습이 참 멋져 보였고 무척 닮고 싶었다. 그 선배의 엄청난 리더십에 대한 존경은 비단 나만의 생각은 아니었던 것 같다. 20대 시절 비슷한 시기에 인턴을 했던 상담자들과 만나서 이런 이야기를 나눈 적이 있었다. "우리가 30대에 저 언니 나이가 되면, 우리도 저렇게 자신감과 리더십 있는 사람이 되는 거겠지?"

선배 나이였던, 꿈꿔왔던 30대는 애초에 훌쩍 지났고 40은커녕 50이 훌쩍 넘어버린 지금에도, 여전히 그 선배 같은 파워풀하고 멋있는 리더십은 내게 없다. 그 선배의 리더십은 오로지 그분의 것이리라. 대신 나에게는 파워풀과는 거리가 있지만 조금은 말랑말랑한 차원의 리더십이 있다는 것을 살아가면서 차차 알게 되었다. 그런 모습이 그저 있는 그대로의 내 모습이었던 것이다.

사람들은 저마다 이상적으로 꿈꾸는 롤 모델을 가지고 있으며, 본인이 그에 부합하지 않는다는 이유로 좌절감을 경험하곤 한다. 하지만 그 사람에게는 그 사람만의 고유한 강점이 분명히 존재한다는 것을 분명히 기억하면 좋겠다. 내가 늘 가지고 있는 것이기에 너무도 익숙하여 그것이 하찮게 보일지 모르겠지만, 당신을 바라보는 누군가에겐 그것이 닮고 싶은 강점이 되기도 하니 말이다.

2장

사람이 싫은 게 아니라
상처가 싫은 거였다

타인의 인정에 매달리지 마라

남들에게 인정받는 것을 싫어하는 사람이 있을까? 인정받고 싶은 욕구는 우리 모두가 가진 중요한 욕구다. 자신이 인정받고 싶다는 것을 자각하고 적당한 수준에서 그것을 추구할 수 있다면 별다른 문제가 되지 않을 것이다. 다만 여기서 적당한 수준이라 함은 남들의 인정도 어느 정도 추구하지만 동시에 본인 스스로도 적당히 자기 자신을 인정해 줄 수 있는 수준을 의미한다.

30대 후반 중훈 씨는 직장에서의 승진 누락 문제로 스트레스를 받아 괴로워하다가 상담을 시작하였다. 그는 당연히 승진 대상인 줄 알고 있던 자신이 승진에서

밀린 것에 대해 도저히 용납이 되지 않아 일상생활에서도 어려움을 겪고 있었다. 중훈 씨가 무척 힘들어하고 있어, 자연스레 우선 그가 처한 상황에 대한 깊은 위로와 공감을 나누며 상담을 진행해 나갔다. 중훈 씨에게 지금 자신을 가장 힘들게 하는 생각이 무엇인지 물어보니, 그는 이렇게 대답했다. 승진이 되지 않은 것은 상사에게 인정받지 못했다는 뜻이므로, 자신이 회사에 불필요한 존재가 아니겠느냐고 말이다. 더 나아가, 이 사실을 아버지가 알게 되면 자신을 못난 놈이라며 심하게 질책할 것이라고 말하며 괴로워했다.

중훈 씨는 어린 시절부터 아버지의 평가가 곧 자기 행동의 기준이었다고 말했다. 엄격하고 완벽주의자였던 아버지는 중훈 씨를 칭찬해 주는 경우가 극히 드물었다. 아버지는 줄곧 중훈 씨를 부족하다고 여기는 것 같았고, 일상생활은 물론 직장 생활 업무까지도 이것저것 간섭하면서 뭐라 뭐라 평가를 늘어놓았다. 중훈 씨가 매사에 위축되는 건 당연한 일이었다. 실제로도 자신이 잘한 것은 거의 없는 것처럼 느껴진다고도 말했다. 그래서

인지 중훈 씨는 누군가가 자신을 평가하는 것에 대해 언제나 신경이 예민하게 곤두서 있었다. 업무를 수행하면서도 실수할까 염려되어 정말 사소한 것에 집착하여 열 번 이상을 점검하게 되고, 남들보다 몇 배 더 긴장하면서 일을 했다는 것이다. 그 덕에 학창 시절에도 공부를 늘 잘하는 편이었고, 시험 같은 것도 과정은 죽도록 힘들긴 했지만 다행히 결과에서 크게 실패한 적은 거의 없었다고 이야기했다. 그러던 중훈 씨가 승진 누락을 겪었으니, 얼마나 크나큰 좌절로 다가왔겠는가? 어쩌면 이 사건은 중훈 씨의 인생에서 공식적인 첫 번째 실패일지도 모른다.

그러나 직장에서의 승진과 같은 문제는 사실상 직장의 특수성이나 업무 분야에 따라 정말 각양각색 다양하며, 그 안에서 우리가 미처 모르고 있는 변수들이 제각각 존재하기 마련이다. 상담 과정을 통해 중훈 씨와 나는 승진이 되지 않은 여러 가지 이유들을 최대한 분석해 보았다. 그리고 그것이 처음 생각처럼 정말로 중훈 씨의 무능함 때문이었는지 객관적인 시선에서 따져 보왔다. 이야기가 진행될수록 중훈 씨는 자신이 회사에서 꽤 유능하다는 점을 스스로 깨달았다. 그리고 회사에서도 자신의 능력치를 알아봐 준다는 점, 더 나아가 최근 6개월 전 중훈 씨의 부서 이동으로 인해 현 부서에서는 상사가 바뀌지 않는 한 현실적으로 승진이 어려운 환경이라는 점 등 승진 누락의 외적 이유를 정리해 나갔다.

이야기를 나누면 나눌수록 중훈 씨는 회사에서 너무도 필요한 존재였음이 드러났다. 그런 중훈 씨의 가치를 가장 잘 알고 표현할 수 있는 사람 역시 중훈 씨 자신이었다. 중훈 씨는 지금까지 자신을 평가해왔던 기준이, 자신이 아닌 '아버지나 상사와 같은 영향력 있는 타인'이었음을 깨달았다고 이야기하였다. 그래서 늘 노력하고 애쓰는데도 그 끝이 어디인 줄 몰라서 더 막연하고 불안했던 것이다.

결국, 승진에는 실패했지만 그것에 상관없이 중훈 씨는 자신의 중요성과 효능감을 확실히 느끼게 되었다. 게다가 같은 팀 부하직원들도 팀 내에서 중훈 씨 능력을 충분히 알아주고 있다고 말했다. 최근에 팀원들이 말하길, "중훈 선배는 다른 팀으로 이동하면 당연히 승진되실 분인데 저희 때문에 이곳에 억지로 붙잡혀 있게 된 것 같아 죄송하다"라고 이야기했다는 것이다.

남들에게 인정받는 것도 중요하지만, 나를 가장 가까이서 인정하고 토닥여 주어야 할 대상은 '나 자신'이 아닐까. 가장 먼저 나 자신이 나를 인정해 주고 나서, 그다음 타인들에게서 인정을 받고자 할 때 우리는 좀 더 중심을 잡아 나갈 수 있을 것이다. 타인들로부터 인정받는 것에 조금만 더 거리를 두고, 대신 내가 나 스스로를 가까이 토닥이면서 인정해 주면 좋겠다.

나부터 잘 돌봐야 관계가 풀린다

인간관계를 너무 잘하고 싶었지만, 계속해서 따돌림을 당하던 청년이 있었다. 이 청년은 지나치게 눈치 없고 나서길 좋아하는 자신의 행동이 따돌림의 이유라고 생각했다. 이 기억이 청년에게 큰 상처가 된 것은 너무도 당연했다.

그래서 그는 대학 입학 이후 새로운 사람이 되어야 겠다고 결심했다. 함부로 나서는 것을 극도로 조심하고, 자신이 먼저 다가가지 않도록 애썼다. 대학을 졸업한 후 직장에 다니기까지, 청년의 머릿속에는 여전히 '함부로 나서면 큰일 난다'라는 생각이 지배적이었다.

함부로 나서지 말자는 결심 덕분에, 그의 인간관계는 더 원만해졌을까? 물론 따돌림 같은 커다란 대인 갈등은 사라졌다. 하지만 9년이라는 긴 기간 동안 청년의 우울감은 오히려 심해져만 갔다. 소극적인 태도가 더 깊은 외로움을 낳은 것이다.

인간관계를 잘할 수 있는 간단한 '공식' 같은 게 있었으면 좋겠지만, 그런 단순한 공식은 존재하지 않는다. 사람마다 처한 상황이 다르고, 원인이 다르기 때문이다.

그런데 아이러니하게도, 인간관계에 어려움을 겪는 사람일수록 문제를 단순화하여 생각하는 우를 범하곤 한다. 자신의 인간관계가 나쁜 까닭은 지나치게 나서는 성격 때문이라고 확신하는 이 청년처럼 말이다. 사실 눈치 없고 나서길 좋아하는 이 청년의 성격은 그가 가진 대인관계 문제 가운데 극히 일부분에 불과하다. 눈치 없고, 지나치게 오지랖이 넓은 것을 포함하여 어쩌면 그보다 더 근본적이고 중요한 원인이 있었을지도 모른다.

그걸 찾아내는 법은 바로 나 자신을 들여다보는 것이다. 결국 인간관계를 잘하려면 나 자신에 대한 이해가 더욱 선명해져야 한다. 청년은 그 시절 친구들이 자신을 왜 싫어했는지에 대한 이해가 매우 부족하였다. 즉, 청년은 타인이 바라본 자신의 단점이 무엇인지 전혀 모르고 있었으며, 반대로 자신의 장점이 무엇인지 등에 대해서도 잘 몰랐다. 대인관계에 어려움을 낳는 자신의 문제점을 발견하는 것도 중요하지만, 더불어 자신이 고유하게 갖고 있는 긍정적인 부분도 분명하게 알고 있어야만 한다.

이처럼 자신을 통합적으로 이해할수록 다른 사람들과도 더 유연하게 소통할 수 있으며, 나에 대한 그들의 태도를 이해하고 수용하는 범위 또한 넓어지게 된다. 인간관계를 잘하고 싶다면, 우선 나와의 관계를 먼저 점검해 보자. 좋은 인간관계라는 천 리 길은 '나 자신과의 관계' 한 걸음부터가 아닐까?

모든 관계에는 시간이 필요하다

인간에게 있어서 소외감은 참으로 중요한 문제라고 생각한다. 상담 장면에서도 소외감은 많은 사람이 꺼내 놓는 주제 가운데 하나로, 의외로 우리가 흔히 경험하는 정서이기도 하다.

20대 초반의 어느 대학생이 상담실을 찾아왔다. 그는 다소 느지막이 교내 동아리에 가입했다고 했다. 다들 1학년이나 늦어도 2학년 정도면 동아리에 가입하기 마련인데, 군대를 전역하고 학교에 돌아오니 인간관계가 적막하다는 생각이 들어 3학년 때 동아리에 가입한 것이었다. 가입만 하면 선후배들과 이야기도 많이 나누고 더 즐겁게 대학 생활을 할 수 있을 것으로 생각했지만, 현실은 예상과 달랐다. 이미 원래 동아리원들끼리 서로 친분이 두터워, 그들과 함께 있으면 왠지 겉도는 듯한 기분이 들고 되레 눈치마저 보게 되었다. 결국 그는 동아리에 가입한 지 두어 달이 지날 동안, 아직 동아리에서 친한 사람을 사귀지 못하고 있었다.

다른 내담자의 고민도 있다. 네 살과 여섯 살 아이를 둔 어느 30대 주부가 다른 동네로 이사를 가게 되었다. 이전 동네에서도 아이들 엄마들과 잘 어울리던 편이었으니, 새로운 지역에서도 엄마들과 친해지려 했지만 아직은 낯설기만 했다. 처음부터 다시 관계를 맺어야 한다고 생각하니 막막함이 느껴졌고, 아이들을 데리고 놀이터에 나가면 다른 엄마들 사이에 끼기가 어색한 기분이 들었다. 다른 엄마들이 공공연히 자신을 소외시킨 것은 아니었지만 유난히 소외감이 크게 느껴졌다고 했다.

이와 비슷한 소외감을 다들 경험해 본 기억들이 있을 것이다. 사람들이 일부러 우리를 소외시킨 것은 분명 아님에도 불구하고, 그들끼리 서로 가까워 보인다는 이유로 우리는 적잖게 외로움과 소외감을 경험한다. 따라서 나만 느끼고 있는 줄만 알았던 소외감을 의외로 너도 나도 빈번하게 경험한다는 것을 알게 되면서 뜻밖의 공감대가 형성되기도 한다.

인간관계에서 만나자마자 곧바로 가까워지는 경우는 극히 드물다. 서로가 서로에게 스며들 시간이 분명 필요하다. 그 사람에 대한 경험치가 축적되면서 서로에 대해 조금씩 알게 되는 범위가 넓어지고, 점차 서로 익숙해지게 된다. 예외는 있겠지만, 대개는 오래된 옛 친구가 부담 없고 편한 이유도 이 때문이지 않을까 싶다. 오래된 친구는 서로에게 신선하거나 열정적인 자극을 주진 않지만 대신에 편안함과 깊은 소속감을 안겨주니, 적어도 이들로부터는 소외감을 느끼진 않는 것이다.

2개월 만에 동아리 사람들과 친해지길 바라는 20대 대학생이나, 낯선 동네에서 엄마들과 가까워지길 원하는 30대 주부 모두에게 필요한 것은 특별한 처방전이 아닌 단지 '시간' 하나뿐이다. 인간관계는 삽시간에 좁힐 수도 없는 데다, 짧은 시간 내에 가까워지려 애쓰는 것은 오히려 생각지 못한 갈등이나 어려움을 불러일으킬 소지도 있다. 내 눈에 상당히 가깝고 친해 보이는 관계더라도 그 속내를 들여다보면 서로를 잡아당기고 밀어내는 과정이 끊임없이 반복되고 있을 것이다. 그러니 조급함을 가지지 말고 서서히 그 사이로 스며들 수 있도록 노력해 보자. 관계란 우리 눈에 보이는 것이 전부가 아니니 결국 관계에는 서로 자연스럽게 녹아들 수 있는 시간이 어느 정도 필요하다는 것을 기억하면 좋겠다.

나는 결코 상대를 바꿀 수 없다

어떤 연인의 만남은 바라만 보아도 기분 좋고 그들을 응원해 주고 싶은 마음이 드는가 하면, 어떤 연인은 만남 그 자체가 위태롭고 조마조마하게 느껴지는 경우가 있다. 그 사람과의 만남이 지속될수록 자신이 망가지는 느낌이 들거나 뭔가 비슷한 문제들이 반복되면서 소진이 된다면 그 만남은 잠시 멈추어서 점검해야 할 필요가 있다.

30대 초반인 경태 씨는 여자 친구와 1년간 만나오면서 마음 편한 날이 거의 없었다. 경태 씨는 여자 친구가 재미있고 사랑스러운 타입이어서 첫눈에 반했다. 그러나 여자 친구는 감정 기복이 지나치게 심해서 한번 화가 나면 경태 씨에게 미친 듯이 화를 다 퍼붓는가 하면 자기 기분 내키는 대로 경태 씨에게 욕설도 내뱉곤 했다. 그렇게 하다가 또 미안한 마음이 들면 경태 씨에게 세상에 둘도 없이 잘해주기를 반복하였다.

경태 씨는 그런 여자 친구가 무척 버겁게 느껴졌고 힘들었다. 그럼에도 불구하고 만남을 지속해 온 까닭은, 만일 자기가 그녀의 변덕을 감당하지 않는다면 여자 친구가 너무 힘들어할 것이 분명하다는 생각 때문이었다. "제가 여자 친구를 다독거려 주면서 계속 만난다면 그녀도 언젠가는 좀 더 성숙해지고 나아지지 않을까요?"라고 경태 씨는 말했다.

연인은 서로를 변화시키기 위해 만나는 게 아니다. 거꾸로, 만나다 보면 서로에게 영향을 받아서 변화한다는 말이 더 적절해 보인다. 내가 상대방에게 미칠 수 있는 영향력은 생각보다 크지 않다. 지금까지 살아오면서 나 역시 타인의 이야기나 조언에 얼마나 많은 영향을 받았다고 생각하는가? 현재 그 여자 친구의 모습 그대로를 감당할 수 있다면 모를까, 변화시킬 요량으로 그녀를 만나는 것이라면 그것은 적절치 않아 보인다.

우리는 종종 자신이 누군가를 변화시킬 수 있다고 기대하고, 그것이 옳다고 생각한다. 그러나 누구도 '있는 그대로의 자신'에서 벗어나 기꺼이 다른 사람이 되기를 바라지 않으며, 누구도 자신의 생각대로 누군가를 변화시킬 수 없다. 누군가를 만남에 있어서 우리는 '그를 변화시킬 수 있는가?'보다는 '현재의 그를 수용할 수 있는가?'를 고민해 보아야 할 것이다. 만약 상대의 본 모습을 그대로 수용하기 어려울 것이라는 생각이 든다면, 그 관계는 다시 한번 깊게 재고할 필요가 있다. 자신이 변화시킬 수 있는 것은 나 자신밖에 없으며, 우리는 절대 상대방의 구원자가 될 수 없기 때문이다.

사랑이라는 이름으로 의존하지 마라

20대 후반 직장인 시은 씨는 현재 만나고 있는 남자 친구로 인해 고민이 컸다. 만난 지 1년가량 된 남자 친구는 시은 씨 생활에 지나치게 관여하고 간섭하고 있었다. 그러나 시은 씨는 그런 남자 친구의 집착이 자신을 아끼는 마음에서 비롯된 거라고 생각하여, 그의 행동을 대부분 이해해 왔다고 했다.

예를 들어, 시은 씨는 남자 친구를 만나는 시간 외의 모든 것들을 일일이 남자 친구에게 이야기해야 했는데, 그때마다 남자 친구는 시은 씨의 행동에 대해 잘했느니 못했느니 잔소리를 퍼부었다. 시은 씨는 그런 남자 친구 행동이 별나다고 생각하면서도 그에게 화를 낸다거나 자기 의견을 이야기하지 않았다. 그 대신 남자 친구가 하는 말들을 대체로 수긍하거나 때로는 사과를 하기도 했다.

시은 씨가 남자 친구의 눈치를 보고 하나하나 맞춰 주었기 때문에 이들의 관계는 겉으로는 큰 갈등이 없어 보였지만, 속으로는 그렇지 않았다. 그 결과 시은 씨는 남자 친구를 만나면 만날수록 점차 지쳐갔고, 싫어도 말 못하고 그에게 맞추는 자기 자신이 원망스러운 마음에 몇 날 며칠 자책하기도 하였다.

사실 시은 씨는, 그동안 사귀었던 남자 친구들과도 처음엔 모든 것들을 맞추어 주면서 잘 지내는 듯하다가, 결국은 지쳐서 헤어지기를 반복하였다. 또한, 언제나 헤어지고 나서 새로운 사람을 만난 게 아니라, 헤어지려고 할 즈음에 마음을 정리하다가 새로운 남자가 나타나면 새로운 이와 만남을 시작하면서 용기를 내어 예전 사람과 헤어질 수 있었던 것이었다. 다만 지금은 새롭게 시작된 인연이 없는 상태라서, 더더욱 헤어질 용기가 나지 않는 상태라고 이야기했다.

시은 씨와 마찬가지로 인간관계 속에서 상대방에게 의존하는 성향이 짙은 사람들이 있다. 이런 사람들은 스스로에 대한 확신이나 자신감이 부족하여, '나의 생각'을 분명하게 표현하지 못하며, 더 나아가 '상대방의 생각'을 마치 '내 생각'인 것처럼 착각하는 오류를 저지르기도 한다. 확신이 들지 않는 내 생각을 주장하기보다는, 상대방에 기대는 편이 훨씬 안정감이 들기 때문이다. 이런 사람들에게 필요한 것은 스스로의 힘으로 무언가를 해내겠다고 마음을 먹는 일이다.

시은 씨로서는 새로운 남자 친구가 생기기 전에 변화해 보고자 스스로 상담을 시작한 것 자체가 엄청난 도약일 것이다. 아울러, 시은 씨는 자신의 생각과 감정을 자각하고, 힘들더라도 아주 조금씩 표현해 나가기 시작했다. 자신의 생각과 감정을 자각하려고 노력하고, 힘들더라도 상대방에게 자신의 마음을 조금씩 표현할 때, 비로소 변화는 시작된다. 상대방에게 내 생각을 표현하는 건 분명 용기와 다짐이 필요한 일이다. 우리의 감정은 직접 표현할수록 더욱 분명해지고, 감정을 분명하게 느끼게 될수록 스스로를 더욱 사랑하고 아끼게 될 수 있다.

기대하지 않으면 상처받지 않는다

인간관계 안으로 들어가면 우리는 이런저런 다양한 이유로 종종 마음 상하는 일들을 경험하곤 한다. 이때 상대방으로 인해 기분이 상하게 되는 순간들을 곰곰이 생각해 보면, 주로 상대방이 우리가 기대했던 것과는 아주 다르게 행동했을 때다.

30대 초반 현정 씨는 두 살 연하인 후배 승환 씨와 친하게 지내는 사이이다. 둘은 직장 선후배 사이로, 서로 사귈 마음은 전혀 없지만 가끔 만나서 이야기 나누며 밥 한 끼를 편히 할 수 있는 그런 사이였다. 남녀 관계에 있어서 친구가 아예 없는 것은 아니지만, 또 미혼 남녀 사이라면 언제든 연인으로 발전할 가능성도 전혀 배제할 수는 없지 않겠냐며 현정 씨에게 물어보니, 그녀는 승환 씨가 절대로 자기 타입은 아니라며 손사래를 쳤다. 대화 나누며 맥주 한잔하는 정도로 지내기에는 무리가 없는 후배이지만, 그를 알면 알수록 성격이 너무 소심한 데다가 친한 여자 친구들도 한둘이 아니어서 연인으로 삼기에 그다지 마음에 들지 않는 부분이 한둘이 아니라는 것이었다. 그밖에도 현정 씨는 승환 씨가 마음에 들지 않는 이유 몇 가지를 더 이야기하며 열변을 토했다.

그러던 어느 날 현정 씨가 내게 와서 씩씩대며 말했다. 며칠 전에 승환 씨와 퇴근 후 맥주 한잔을 하자며 나갔는데 그날따라 승환 씨가 컨디션이 안 좋다고 하면서 밥도 먹는 둥 마는 둥 하다가 한 시간 만에 자리에서 일어났다는 것이었다. 물론 현정 씨는 몸이 좋지 않으면 그럴 수도 있겠거니 하고 집에 돌아왔다고 했다. 그런데 그날 저녁에 승환 씨가 올린 SNS 게시물이 문제였다. 그날 밤 승환 씨는 현정 씨와 헤어진 후 분위기 좋은 어느 곳에서 여자로 추정되는 누군가와 분위기 좋은 식사를 했고, 그 사진을 당당하게 SNS에 올린 것이었다. 그 게시물을 본 현정 씨는 자신이 무시당했다는 생각에 무척이나 화가 나고 자존심이 상했다.

이런 사건을 경험하면 순간적으로 기분 나쁘지 않을 사람이 또 있을까 싶다. 승환 씨는 컨디션이 안 좋다고 하며 모임을 일찍 파해놓고서 다른 모임에 참여한 것이고, 게다가 그 순간을 현정 씨도 볼 수 있도록 SNS에 게시까지 했으니 말이다. 하지만 이 일을 나열해 보면서 그러한 정황을 하나하나 짚어보면 이 상황이 또 그렇게까지 엄청난 사건은 아닐 수도 있겠다 싶었다.

즉, 현정 씨가 승환 씨에게 이성적인 감정이 별로 없고 승환 씨 역시 현정 씨를 이성으로 여기지 않았다고 가정하면, 승환 씨가 더 좋아하는 사람을 만나기 위해 현정 씨와의 만남을 일찍 파한 것이나, 이후에 다른 사람과 즐거운 시간을 보낸 것이나 그다지 이상할 것은 없다. 물론 승환 씨가 저조한 컨디션을 운운해가며 현정 씨와 일찍 헤어진 것이 다소 비겁해보일 수는 있지만, 다른 사람을 만나러 가야 한다고 사실 그대로 이야기한

들 그것 또한 기분 좋을 리는 없지 않겠는가?

만일 현정 씨가 승환 씨를 마음속 깊이 좋아하고 있는 것이라면 승환 씨의 그러한 행동에 마음 상하고 상처받을 수 있다면서 충분히 위로해주고 이해해 주겠지만, 현정 씨는 승환 씨와 가까워지고 싶은 마음이 거의 없으며 승환 씨를 별로 좋아하고 있지도 않았다. 그렇기 때문에 승환 씨의 행동에 대하여 현정 씨가 굳이 오랫동안 기분 나빠하며 관계를 망칠 필요도 없을 것이다.

애당초 승환 씨가 현정 씨에게 충실하지 못했다고 해서 현정 씨가 그렇게까지 상처받을 일이 무엇이겠는가? 현정 씨 역시 승환 씨에게 마음이 별로 없는데, 그런 사람이 나를 별로 좋아하지 않는다고 해서 그런 승환 씨 마음을 확인했다는 것에 그렇게까지 마음 아파할 필요가 있을까 싶다.

그러고 보면 인간관계가 의외로 공평한 것 같다는 생각을 해보게 된다. 나를 좋아하는 사람들은 대체로 내가 좋아하는 사람들이니 말이다. 내가 좋아하지 않는 사람이 나를 좋아하는 경우는 드물며, 특히나 내가 너무 싫어하는 사람이 나를 좋아하는 경우는 더더욱 드문 것 같으니 말이다. 그러니 우리가 받은 상처가 내가 별로 좋아하지 않은 사람들 또는 나와 거리가 있는 사람들로부터 받은 상처였다면, 내가 그들에게 주었던 마음 역시 크지 않음을 이해하면서 그저 '툭' 하고 금세 털어내면 좋겠다.

비교하지 않을 때가 가장 멋있다

자신에 대해 만족감을 느끼지 못하는 사람들을 살펴보면, 대개는 자존감이 낮은 사람들이 많다. 이들은 주변 사람들 가운데에서 매우 잘나고 그럴싸한 조건을 가진 대상을 찾는 데 능하며, 그러한 사람들의 모습들을 넋 놓고 바라보면서 현재의 자기 모습과 그들을 비교한다. 이들은 현재 갖추어지지 않은 자신의 모습은 전혀 인정하지 않은 채 도달해야 할 목표점에 놓인 이상적인 자신을 '진정한 자기'로 규정하는 착각을 한다.

30대 중후반 학선 씨는 대학 연구소에서 박사급 연구원으로 근무하며 강의와 논문 작성으로 바쁜 나날을 보내고 있었다. 학선 씨는 늘 자신이 초라하다는 생각을 하고 있었기에, 그 마음을 들여다보고자 상담을 받기 시작했다.

학선 씨의 전공 분야는 공학이었는데, 연구 주제도 최근에 각광받는 분야인 데다가 현재 꽤 탁월한 연구 실적을 보유한 상태라고 이야기하였다. 다만 학선 씨가 전공하는 분야가 워낙 실력이 뛰어난 사람들이 많은 분야였기 때문에, 자기보다 실적이 뛰어난 사람들을 바라보면 늘 초라해질 수밖에 없다고 말했다. 자신은 학술지 논문을 일 년에 아홉 편 정도 내는데, 많이 쓰는 연구원들은 한 달에 서너 편 정도 성과를 내기도 한다는 것이다.

게다가 결혼도 머지않았다는 점 또한 학선 씨의 고민을 무겁게 만들고 있었다. 대학 연구원이라는 현재 직업이 불안정하게 느껴지는데다가, 결혼할 여자 친구는 자신에 비해 훨씬 더 안정된 직장에 다니고 있어서 그것도 은근 스트레스라는 것이다. 여자 친구 부모님도 자기 직장이나 연봉을 만족스럽게 여기지 않을 것인데 자신이 과연 결혼을 해도 될지 모르겠다며 한숨을 내쉬었다.

학선 씨 이야기만 계속 듣고 있노라니, 마치 학선 씨가 아무것도 갖지 못한 사람 내지는 세상에서 가장 초라하고 못난 사람인 양 착각이 들 정도였다. 하지만 객관적으로 학선 씨가 갖춘 조건들을 쭉 나열해본다고 가정할 때, 과연 학선 씨는 못난 사람일까? 절대 그렇지 않다. 그러고 보면, 개인이 경험하는 '잘났냐 못났냐' 기준이 얼마나 주관적인 것인가 싶다.

보통 자기보다 더 잘하는 누군가와 끊임없이 비교하여 자신을 평가한다면, 단 한 번이라도 자신을 만족스럽게 평가하기는 어려울 것이니 이 자체가 얼마나 안타까운 일이겠는가. 학선 씨처럼 현재 자신이 가지고 있는 것들에는 전혀 집중하지 못한 채 오로지 이상적인 자신에만 초점을 맞출수록 스스로의 부족한 점들만이 크게 느껴질 뿐이다. 그러니 학선 씨는 늘 위축되고 초라한 감정에서 벗어날 수 없었던 것이다.

학선 씨에게 부족한 것은 자신감이었지, 그가 늘 비교하면서 염려해 왔던 자신의 논문 실적이나 연구원이라는 직업 및 연봉 그 자체는 아닌 것 같았다. 현재로서는 도달하기조차 어려운 이상 속 자신의 모습을 잠시 내려두고서, 오히려 학선 씨의 현재 모습 자체에 자긍심을 느끼고 만족감을 느낄 수 있다면, 그 모습 자체로 훨씬 더 당당해 보이고 멋있지 않을까.

당연한 일이란 존재하지 않는다

세상에는 참으로 다양한 가족들이 존재한다. 가족들은 자신들이 그간 살아온 삶을 토대로 상호작용하면서 자신들만의 크고 작은 규범, 즉 규칙들을 만든다. 만약 세상 모든 가족의 규칙을 한데 모아 본다면 아마도 그 다채로움이 상상을 뛰어넘을 것이다.

한 가족의 규범은 그 가족을 지탱하고 유지하게 해 주는 틀과 같다. 그런 만큼 여기에 타인이 감 놔라 배 놔라 하며 참견하기는 어렵다. 그럼에도 그러한 가족 규범으로 인해 가족 중 누군가가 힘들어하고 있다면 '우리 가족의 틀'이 너무 지나치게 강한 게 아닐지 고민하면서 가족 규범의 적절성을 적극적으로 살펴보는 것이 좋다.

30대 후반인 한 남편이 부인과 갈등이 너무 심해서 이혼을 고려 중이라고 말했다. 주된 갈등의 내용인즉, 아내는 비가 오나 눈이 오나 일주일에 두 번씩 정해진 요일이 되면 친정에 가야 한다는 것이다. 아내는 세 자매인데, 자매들이 모두 정해진 요일에 부모님과 모두 함께 모여서 식사를 한다는 것이다.

갈등이 처음부터 생긴 것은 아니었다. 이제 결혼한 지 5년째인데, 남편도 처음에는 '집집마다 문화가 다를 수 있지'라는 생각으로 아내 의견에 맞춰주고 처갓집 모임에 늘 동행하며 적극적으로 어울렸다. 하지만 시간이 흐를수록 남편은 도무지 융통성이라고는 찾아볼 수 없는 처가의 모임 횟수에 점차로 지쳐갔고, 어느 순간부터는 이 핑계 저 핑계 대면서 일주일에 한 번 정도만 참여했다.

그에 비해 아내가 시댁 행사에 참여한 것은 일 년에 딱 두 번 정도였다며 남편은 억울해했다. 물론 남편이 가족 모임에 그다지 큰 관심이 없었기 때문이기도 했지만, 주말 중 하루는 꼭 처가 모임을 위해 사용하다 보니 오랜만에 가고 싶은 마음이 들어도 도무지 갈 수가 없었다는 것이다. 상황이 이러한데도 불구하고 처가 식구들은 자신들 가족 모임에 종종 빠지는 남편을 상당히 이상한 사람 취급을 하면서, 자신의 가족이 얼마나 유대감이 크고 화목한지를 강조하곤 했다. 아내도 그런 부모님 의견에 적극 동조하면서 부모님 의견에 대해 반대는커녕 남편인 자신을 비난하곤 했으니, 자기만 화목한 가정을 깨뜨리는 이상한 사람 취급을 당한다는 것이다. 이런 갈등이 겹겹이 쌓여서 현재 이 부부는 서로의 배우자 가족 모임엔 아예 가지 않고 있다.

아내의 가족은 심리적으로 볼 때, 서로 간의 경계가 느슨하여 지나치게 밀착된 가족으로 여겨진다. 가족 또는 부부라 해도, '너와 나' 사이에 분명한 경계가 필요하다. 경계가 약한 가족의 가장 큰 맹점은 서로에게 지나치게 관여한다는 것이다. 그리고 그러한 관여를 마치 엄청난 관심과 특혜 내지는 사랑으로 포장한다. 따라서 이 가족은 '자주 모여야만 화목한 가정이다'라는 규범을 만들고 융통성 없이 그것을 외부인인 남편에게도 강요해 온 듯하다. 그러나 그런 과한 관여는 결코 화목함이 아니다. 오히려 서로의 불안감으로 인해 똘똘 뭉쳐있는 모습일 뿐이다. 서로에게 적당하게 관여하는 건강한 가족이라면 일주일에 두 번은커녕, 몇 달에 한 번을 만나더라도 결속감 유지에 아무런 문제가 없다. 우리 가족이 어떠한 모습인지, 혹시 서로 과하게 관여하고 있는 가족은 아닌지 한번 생각해 보면 좋겠다. 당연하게 여겨 왔던 것을 객관적으로 다시 살펴볼 때, 의외로 쉽게 문제의 원인을 발견하게 될지도 모르니 말이다.

타인을 돕기 전에 나부터 도와라

30대 후반의 한 엄마가 심한 불안감과 수면의 어려움을 호소한 적 있다. 이 엄마는 초등학생 아들을 키우는데, 아이가 학교 다니는 내내 또래들에게 괴롭힘을 당하여 힘들어한다는 것이다. 학교에서 실시한 학생정서행동특성검사에서도 아이의 우울감이 매우 높고, 자살 사고경향성도 높게 나타나서 얼마 전에 담임교사와 부모 면담도 진행했다고 털어놓았다.

자신 역시 어린 시절 내내 말로 담지 못할 힘든 경험을 많이 한 탓에, 자식만큼은 마음 건강하게 자랐으면 하고 늘 기도하며 자녀를 키웠다고 그녀는 말했다. 그러나 힘들어하는 아이를 보며 엄마는 너무나도 속상해했고, 또 혼란스러워했다. 한번은 아이가 괴롭힘 때문에 현관문에 들어서자마자 펑펑 눈물을 쏟아냈는데, 그렇게 힘들어하는 아이를 바라보는 것이 엄마로서도 너무 괴로워서 잠시 토닥여주다가는 이내 그만 울라고 하면서 아이에게 다그치며 화를 냈다는 것이다. 물론 아이가 어떤 마음인지 엄마 역시 충분히 알고 있었다. 하지만 정작 눈앞에서 괴로워하는 모습을 바라보고 있노라니 당황스럽고 자기가 어떻게 해 주어야할지 전혀 모르겠어서 막막하고 불안하다는 것이다.

이어서 그녀는 한동안 힘들다는 표현을 곧잘 하던 아이가 초등학교 5학년 무렵부터는 학교 이야기를 거의 꺼내놓지 않았다고 이야기하였다. 엄마는 분명 아이가 학교에서 잘 지내지 못한다는 것을 알고는 있었지만, 그것을 꺼내어서 이야기하도록 하는 것이 오히려 자녀를 자극하는 것이 될까 봐 눈치만 보았다고 말한다. 그런 시간들을 계속 보내면서 엄마는 아이가 힘들어할 때마다 함께 불안해했고, 최근에 아이의 우울감과 자살사고 이야기를 전해 듣고서 또다시 불안감에 압도되어 잠들 수 없었던 것이다.

상황이 이러하니 엄마의 어린 시절 이야기를 듣지 않을 수 없었다. 그녀는 부모님께 직접 매를 맞거나 크게 혼난 기억은 없었지만, 그 자체로 엄격하고 무서운 부모님의 분위기로 인해 학교에서 있었던 그 어떤 말도 할 수 없었다고 이야기했다. 초등학교부터 중학교 때까지 내내 학교 폭력을 당했고 자기편을 들어 주는 친구 한 명 없었지만, 부모님께 그런 사실을 한 번도 말한 적이 없었다고도 했다. 학교에 가도 자신의 존재가 눈에 띨까 봐 두려워서, 있는지 없는지 아무도 모르게 불안해하며 하루하루를 지냈던 때를 기억하며 그녀는 눈물을 흘렸다.

그런 그녀에게 자녀의 모습은, 자신의 과거 모습과 너무도 닮아있는 거울상이 아니었을까 싶다. 아이가 힘들어하는 모습을 볼 때마다 이 엄마는 기억하기조차 두렵고 불안했던 자신의 과거가 겹쳐 보였을 테니 얼마나 불안하고 힘들었겠는가? 결국 이 엄마는 해결되지 못한 자신의 폭력 피해 경험과 그로 인한 불안감 때문에 자녀의 어려움에 전혀 귀 기울일 수 없었던 것이다.

이 문제는 결국 엄마인 자신의 문제와 자녀 문제를 거리를 두고서 분명하게 구분하고 분리하지 않으면 풀리지 않는다. 그래야만 엄마 자신의 문제에 압도되지 않고, 힘들어하고 있는 자녀의 어려움을 발견하고서 아이를 적극적으로 도와줄 수 있을 것이다.

건전한 갈등이 관계를 숙성시킨다

몇 년을 만나면서도 한 번도 다투어 본 적이 없다고 말하는 커플을 종종 만나곤 하는데, '그게 현실적으로 가능할까?'라는 생각이 든다. 서로 다른 두 사람이 만나서 상호작용을 하다 보면 서로 맞는 부분이 있지만 맞지 않는 부분이 있기 마련이다. 사람은 저마다 살아온 배경과 성격이 제각각이기 때문이다. '나'와 '너'는 분명 다르다.

이런 차이에도 불구하고 대개 사귄 지 6개월이 안 된 초기 커플들에겐 그 '다름'조차도 서로에게 매력이 되고 그저 바라만 봐도 좋을 뿐이다. 그러나 서서히 시간이 흘러가면서, 무엇을 해도 매력적으로만 보이고 아름답게 여겨졌던 상대방의 모습이 더는 그렇지 않게 여겨진다. 그리고 이런저런 행동들에 불만도 생겨난다. 아무래도 처음보다는 긴장감을 덜 갖게 되니만큼 서로 덜 배려하거나 덜 맞춰준 탓도 있겠지만, 연애 초기에는 특히 자신이 보고 싶은 모습 위주로 상대방을 바라보기 때문일 것이다. 자신이 꿈꾸고 상상한 모습으로 상대를 추측하고 바라보면서 관계를 쌓아가니 당연히 좋지 않겠는가?

결국 내가 상대방에게 바라는 모습은 그저 나의 이상화(理想化)일 뿐이다. 이는 내 마음 안에 아름답게 자리 잡은 상상 속의 이성과 사랑을 한다는 것을 뜻한다. 하지만 이는 사실 착각에 불과하다. 눈앞에 있는 상대방이 아니라 내 머릿속에 있는 상대방과 사귀고 있는 것이나 다름없기 때문이다. 이런 식으로 가까워진 관계는 결코 오래갈 수 없다. 정말 뜻깊고 오래가는 관계를 맺고 싶다면, 지금 내 앞에 있는 상대방을 있는 그대로 바라보면서 관계를 맺고 사랑을 키워나가야 한다.

그렇기 때문에 나와는 다른 상대방을 인정하되, 그 차이가 감당할 만한 것일지 아닐지는 만나면서 서로 치열하게 겪어볼 수밖에 없다. 그 과정에서 도저히 이해할 수 없는 부분들도 있을 것이고 그로 인해 상대에게 서운하거나 화난 마음이 들지도 모른다. 이런 마음들을 혼자 삭이기보다 상대방과 이야기 나누면서 서로의 욕구와 마음을 계속해서 조율해 나가야 한다. 이 과정에서 때때로 다툼이 생길 수도 있지만, 여기서 다툼 자체보다도 더 중요한 것은 갈등이 생기더라도 서로 원만하게 해결해 보는 경험이 아니겠는가.

만약 한 번도 다투어 본 적 없다고 말하는 연인들이 있다면, 둘 중 하나일 가능성이 크다. 대화를 통해 자신들의 바램과 갈등을 정말 잘 풀어나간 경우거나, 아니면 이러한 갈등이 두려워서 상대방에게 맞추어 주었거나 말이다. 그러니, 나는 어떤 모습으로 상대방을 만나왔는지 한번 생각해보면 좋겠다.

진정한 관계의 시작은 다투기 시작했을 때 비로소
이루어진다. 상대와 나의 다름을 분명하게 인지하고 그
것을 서로 맞추어 나갈 때, 우리는 서로를 더 깊이 이해
하게 될 수 있을 것이다.

눈에 보이지 않아도 사랑할 수 있다

20대 중반 직장인 영은 씨는 남자 친구 동균 씨와 1년 가까이 만나고 있었다. 처음 만났을 때부터 서로 대화가 너무 잘 통해서 빨리 가까워졌고 기본적인 가치관이나 성격, 신앙적인 면에 이르기까지, 여러 가지가 참 잘 맞았다고 이야기했다.

첫 만남부터 지금까지 이들은 언제나 거의 하루 종일 연락을 지속해 왔다. 아침에 눈뜨자마자 SNS로 안부를 묻고, 일하면서도 끊임없이 이야기를 걸고 대답하면서 소통했다. 퇴근 후에도 일주일에 네다섯 번은 만났다고 이야기한다. 특히 영은 씨는 동균 씨를 만나면서부터 친한 친구들을 거의 만나지 않았고, 혹시 만나더라도 동균 씨를 못 만나게 되는 경우에 한해서 약속을 정하곤 했다. 자신의 모든 스케줄을 가급적 동균 씨 일정에 맞춘 것이다. 영은 씨는 동균 씨와 연락하고 그를 만나는 일상이 자신에게 가장 소중하고 중요하다고 했다.

그러나 이런 영은 씨는 어느 날 동균 씨로부터 청천벽력과 같은 소리를 듣게 되었는데, 동균 씨가 프랑스로 약 1년간 파견근무를 가게 되었다는 것이다. 동균 씨의 직장에서 해외 근무는 모두가 한 번씩 거쳐 가는 단계인 데다가, 특히 프랑스는 동료들 대부분이 가고 싶어 하는 나라 가운데 하나여서, 동균 씨는 꽤 기뻐하면서 이 소식을 영은 씨에게 전하였다.

영은 씨는 그 소식을 들은 날부터 동균 씨와 헤어져야겠다는 마음이 떠나질 않았고, 그렇게 생각하니 마음이 너무 힘들다고 말했다. 동균 씨는 영은 씨와 헤어질 마음이 전혀 없으며 둘 사이에 별다른 갈등이 있었던 것도 아니었다. 하지만 영은 씨는 동균 씨와 하루 종일 연락하거나 만날 수 없다는 것 자체가 도저히 상상도

할 수 없는 일이라고 이야기했다. 잠시라도 동균 씨와 연락이 되지 않거나 며칠간 그의 얼굴을 보지 않는다면 어떤 일이 일어날 것 같은지 물으니, 동균 씨가 자신을 잊게 될 것이고 결국에는 자기를 떠날 것 같다고 말하였다. 내내 울먹이며 불안한 표정이 가득했던 영은 씨의 이야기는 진심으로 느껴졌다.

생후 1년이 안 된 아기는 시각과 촉각으로 엄마라는 대상을 확인하면서, 그로부터 안정감과 사랑을 느낀다. 이때 아기는 엄마가 눈앞에 있지 않으면 불안해한다. 그러나 몇 달이 지나면 아기는 엄마가 눈앞에 존재하지 않더라도 다른 곳에 있다는 것을 서서히 알게 되면서 엄마의 부재를 불안해하지 않게 되고, 더 나중엔 엄마가 종일 보이지 않아도 유치원 마치고 집에 가면 만날 수 있다고 여기면서 엄마를 마음속에 넣어둔다.

즉, 대상과의 친밀감과 안정감은 24시간 함께 붙어 있다고 생기는 것이 아니라, 그 사람의 존재를 내 마음 한편에 안정감 있게 놓아두면서 자라나는 것이다. 아기 때 엄마와의 관계에서 안정감 대신 불안감을 더 많이 느꼈을 경우, 이후 연인과의 관계에서도 불안감에 압도되어 적절한 거리감을 찾지 못하고 상대방과의 분리를 어려워하곤 한다.

동균 씨와 영은 씨의 경우도 마찬가지다. 동균 씨가 프랑스에 가면 아무래도 지금처럼 잦은 연락은 어려울 것이고, 그에 따른 어려움도 찾아올 것이다. 영은 씨는 동균 씨가 눈에 안 보인다는 이유로 서로가 마음과 마음으로 연결되어 있음을 느끼지 못한 채 불안감에 압도될지 모른다.

그러나 연인 간에 서로 좋아하는 마음이 크다면 또 다른 방식으로 충분히 관계를 가꾸어 나갈 수 있다. 오히려 연인과 잠시 거리를 둠으로 인하여, 연인에게 의지하지 않고 자신의 힘으로 스스로를 돌보는 방법을 익힐 수도 있다. 동균 씨와의 분리를 앞두고 있는 현 상황이 영은 씨에게는 인생에서 새로운 경험을 할 수 있는 기회가 될 수 있을 것이다.

사랑은 가스라이팅이 아니다

연인관계에서, 상대방을 심리적으로 조종하는 사람들이 의외로 많다. 일상적인 관계에서는 당연히 기분 나빠야 할 행동들도 연인관계에서는 '서로가 아껴주고 사랑하기 때문에'라는 합리화 속에서 용인되곤 한다.

기수 씨에게는 4년 만난 여자 친구가 있다. 여자 친구를 사랑하는 건 맞지만 여자 친구와의 결혼만큼은 자꾸 미루게 되어 그것 때문에 갈등이 더 커진다고 이야기했다. 기수 씨와 여자 친구와의 관계에 대해 자세히 이야기 들어보니, 물론 좋은 순간도 많긴 했지만 전체적으로 볼 때 둘의 관계가 대등하지 않은 느낌이었다. 기수 씨는 여자 친구에게 매달 꽤 큰 용돈을 주었고 비싼 화장품과 가방도 종종 사주었는데, 그때마다 여자 친구는 기수 씨에게 고맙다는 말을 하기 보다는 '남자가 그렇게 하는 것이 당연하다, 돈을 쓰지 않는 남자는 남자도 아니다'라는 식으로 말한다는 것이다. 여자 친구가 매사에 너무도 확신 있고 자신 있게 의사를 표현하기 때문에 기수 씨는 그 말에 설득당하기도 했고, 또 그런 여자 친구의 말이 전혀 틀린 것은 아니라는 생각에 대체로 수긍하는 편이라고 하였다.

하지만 여자 친구는 이렇게 물질적인 것에만 생각이 확고한 것이 아니었다. 정치 이야기를 할 때도 그렇고, 장차 자기가 아이를 낳으면 어떻게 할 것이라는 등 기수 씨가 동의할 수 없는 부분들이 너무 많았다. 기수 씨가 자신은 그렇게 생각하지 않는다고 이야기할라치면 여자 친구는 기수 씨에게 생각이 너무 짧다느니 남자로서 포부가 부족하다느니 하면서 결국 자기 생각만이 정답인 양 결론을 내곤 한다는 것이다. 이런 일들이 반복되면서 기수 씨는 여자 친구와 속 이야기를 나누는 것이 어딘가 모르게 부담스러워졌다. 언젠가부터 솔직한 이야기 대신 피상적인 이야기나 남들 사는 이야기 등 서로 피곤해지지 않을 주제로만 이야기 나눈다고 하였다.

여자 친구의 행동은 분명 '가스라이팅'에 가까워 보인다. 자신이 원하는 것이 정답인 것처럼 주장하면서 남자 친구 행동을 조종하였고, 조금이라도 불편함을 표현하면 남자 친구를 비난하면서 자신의 지배력을 행사하니 말이다. 상식적으로 남자 친구가 용돈을 준다면 그것이 당연한 것이 아니라 고마운 것이며, 자기 생각과 다른 의견을 제시했을 때도 충분히 그럴 수 있는 것이지 그것이 비난받을 만한 것은 절대 아니기 때문이다.

연애를 할 때에 있어서 자신의 생각과 연인의 생각은 분명히 구분할 필요가 있다. 세상에 정답은 없는 것인데, 연인의 말만이 어찌 맞을 수 있겠는가. 자신의 생각 또한 타당할 수 있다는 인식을 가지고, 상대를 대하는 연습을 해야 할 것이다. 착하기만 한 태도가 늘 관계를 긍정적으로 이끌어나가는 것은 아니며, 한쪽으로 기울어진 관계는 언젠가는 무너져 내리게 되어 있다.

헤어지는 것을 두려워하지 마라

젊은 남녀가 만나고 헤어지는 건 어찌 보면 당연하다. 헤어져야만 또 새로운 인연을 만날 수 있으니, 나와 잘 맞는 사람을 만나기 위한 여정에서 헤어짐은 필수불가결하다고 하겠다. 하지만 말은 이렇게 다부지게 뱉어도 이별이란 것은 그 강도가 약하건 강하건 간에 만만한 것은 아닐 것이다.

그럼에도 특히나 이별에 더욱더 취약한 사람들이 있기 마련이다. 그런 사람들 몇몇을 살펴보면, 대표적으로 수동적이고 의존적으로 관계를 맺는 사람들이 있다. 내가 상대방 때문에 지쳐 힘들다 해도 그만 만나자는 말을 절대 자기 입으로는 하지 못하는 것이다. 이들은 대신, 자기로 인해 상대방이 힘들어하고 지치도록 만들어서 상대방이 내게 헤어지자는 말을 하게끔 유도하는 특성이 있다.

또 다른 유형의 연인들을 살펴보면 관계가 서로에게 해가 되고 잘 맞지 않는다는 것을 알고 있으면서도, 서로의 욕구가 절묘하게 들어맞아서 헤어지지 못하는 경우가 바로 이것이다. 가령, 한 명은 매우 의존적인데 파트너는 지나치게 통제적인 경우가 여기에 속한다. 서로 과격하게 싸우면서도 통제적인 파트너는 또다시 의존적인 연인을 돌보면서 챙겨주고 영향력을 행사하기 때문에 이들은 서로에게 너무 필요한 존재 그 자체인 것이다.

내가 이별을 적극 장려하는 사람은 아니지만, 남녀가 헤어질 만할 때에 잘 헤어져 보는 것도 인생에서 꽤 가치 있는 경험이라고 생각한다. 적어도, 헤어져야 할 사람들이 건강하지 못한 자신의 욕구 때문에 서로를 붙들고 있어서는 안 될 것이다.

인생에서 연애가 필수는 아니다

이따금, 연인이 없는 자신을 비난하는 젊은이들을 보곤 한다. 연애하지 않는 이유에는 여러 가지가 있을 텐데도 불구하고 굳이 스스로를 비난하는 이유가 있는지 궁금해서 물어보았다. 상담을 위해 찾아온 어느 젊은 분이 말하길, 연애하지 않는 사람은 이성들에게 인기가 없는 것이나 다름없고, 이는 곧 자신에게 매력이 없는 것이나 다름없기 때문에, 그런 자신이 참 별로라고 여겨진다는 것이다.

그 말을 듣고서 마음이 참 복잡해졌던 것 같다. 내 앞에 앉아 있는 젊은 분은 한마디로 '전혀' 못나지 않았기 때문이다. 외모든 성격이든 참 매력적인 데다가, 여러 가지 장점들이 꽤 많은 사람이었다. 더 들어보니 그분은 아직 이성 친구와 깊이 있게 만나본 경험이 한 번도 없었는데, 더 나아가서 그는 아직 자신에 대한 이해도 상당히 부족하고 자존감도 낮아 보였다.

자존감이 낮은 사람은 대개 나의 행복감을 상대로부터 찾기 마련이다. 내가 스스로를 인정할 때보다 상대가 나를 인정해 줄 때 그제야 안정감과 만족감을 느끼니 말이다. 그렇게 보면, 나를 사랑해 주는 이성 친구가 생겨야 나의 가치와 자존감이 올라가는 게 아니라, 스스로 자신을 가치 있게 바라보고 자존감을 높여야만 멋진 이성 친구가 생기는 것은 당연한 진리가 아니겠는가.

지금 내 옆에 이성 친구가 없다고 너무 조급해하지 말았으면 한다. 아무나 만나고 싶은 게 아니라, 좋은 이성 친구를 만나고 싶기 때문에 조금 더 신중한 것이라고 생각해보면 어떨까. 만일 현재 이성 친구를 원하지만 없는 상태라면, 멋진 이성 친구를 만나기 위해 지금 잠시나 자신을 풍성하게 가꾸는 시간이라고 여기자. 그리고 나를 아끼고 채우는 데에 에너지를 쏟자. 나 자신에 대한 이해가 분명해지고 지금보다 자신감이 생겨서 나의 강점 한두 개는 분명하게 꺼낼 수 있는 바로 그때, 멋있는 이성 친구가 틀림없이 나타날 것이라고 확신한다.

깊은 상처는 가까운 사람이 남긴다

나와 아주 가까운 사람과의 관계에서 받은 상처라면 당연히 아프고 힘들기 마련이다. 가까운 관계라면 서로에 대해 세세히 알고 있는 영역들이 그만큼 많기 때문에, 서로에게 상처가 되는 지점이 무엇인지에 대해서도 남들보다 더 많이 알고 있다. 그러니 가까운 둘의 관계에서 갈등이 생기면 상대방이 가장 힘들어할 부분을 자극하며 건드릴 수밖에 없다. 이는 연인들의 갈등이나 이별 장면에도 고스란히 적용된다.

특히 연인들이 헤어질 때 대개는 그 연인들의 개성이 묻어나기 마련인데, 어떤 연인들은 죽도록 싸우고 공격하면서 서로 만신창이가 되어 서로에게 깊은 상처를 남긴 채 결국 이별에 이른다. 또 어떤 연인들은 자신이 감당할 부분은 스스로 감당해 나가면서 힘든 과정을 어찌어찌 견뎌내며, 상대방을 굳이 공격하지는 않는다.

한때 사랑했던 연인이 이제는 되돌릴 수 없는 이별을 선택한 상황이라면, 상대방에게 아무리 화가 나더라도 내가 너무나도 잘 알고 있는 그 사람의 약점만큼은 건드리지 않고서 헤어지는 것이 훨씬 현명할지 모른다. 상대방이 가진 취약한 점을 건드리는 순간, 결국은 그 화살이 또다시 내게로 돌아와 나를 공격하게 되어 있으니 말이다. 더욱이, 심리적으로 취약한 사람일수록 더더욱 자신이 받은 공격을 자기 혼자서는 감당해 낼 힘이 없기 때문에, 그로 인해 상처받은 마음을 또 다른 공격을 통해 되갚아 줄 수밖에 없다. 그런 악순환적인 상호작용이 계속될수록 남녀의 내면은 곪아서 병이 들게 된다.

그러니 연인과 헤어지는 그 순간에도, 그 사람의 약점만큼은 꺼내어 들쑤시지 않고서 그 관계를 정리하길 바란다. 설령 나보다 미숙한 상대방이 나의 약점을 헤집으며 공격을 해온다 해도, 그것에 흔들리지 말고 중심을 잡아보는 것이다. 그렇게 될 때 또 다른 공격으로 이어지는 악순환적인 상호작용은 더는 이어지지 않을 것이다. 그리고 보면, 헤어지는 방식이야말로 그 사람의 인격을 보여주는 게 아닐까.

주류에 속하지 않아도 괜찮다

인간은 함께 더불어 사는 존재이기에 소속감은 꽤 중요하다. 다만 가끔 특정 집단에 소속되는 것만이 주류로 간주되는 경우가 더러 있는 듯하다.

〈나의 해방일지〉라는 드라마에서 주인공 미정의 직장에서는 모든 구성원이 반강제로 회사 내 동아리에 가입해야만 한다. 아마도 동아리 활동을 하면서 서로 결속감과 친밀감을 나눌 수 있을 것이고, 그러한 결과가 업무에도 긍정적으로 반영될 수 있으리라는 회사 운영진들의 큰 그림 하에 진행된 이벤트일 것이다.

어쨌거나 사원들 대다수는 각종 동아리에 흔쾌히

참여하건만, 미정을 비롯한 몇몇 인물들은 동아리에 참여하기 꺼리는 모습이 드라마 초반에 조용히 조명된다. 직장 내 인간관계를 지나치게 강조하는 드라마 설정에 피식, 하는 웃음도 나면서, 그만큼 주인공 미정의 마음에 더없이 공감이 되었더랬다. 회사 내에서 미정은 대다수가 가입하는 동아리를 가입하지 않은, 그야말로 비주류 중의 비주류였던 것이다.

미정이 다니는 회사에 내가 다녔더라면, 나에게 맞는 동아리가 있건 그렇지 않건 간에 대충 적합하다고 여겨지는 그런 동아리를 억지로 찾아서라도 가입하지 않았을까 싶다. 하지만 미정은 그 결정을 최대한 뒤로 미룬다. 그간 사람에게 치여 너무 지쳐왔던 미정은 더 이상 영혼 없이 누군가에게 맞추면서 다수가 원하는 삶을 살고 싶지 않기 때문이다. 그리도 무던하게 남에게 맞추며 티 내지 않고 자신을 숨겨왔지만, 지금 미정에게 남아있는 감정은 외롭고 공허한 느낌이 전부였으니 말이다.

결국 미정은 주류로 일컬어지는 회사 내 동아리에 가입하지 않았고, 대신 마음 맞는 비주류 몇 명끼리 그저 솔직하게 마음을 터놓고 대화하는 모임을 결성한다. 그 안에서 서로는 각자 최근에 품었던 마음속 깊은 이야기들을 꺼낸다. 단, 그 모임에서는 누구도 그것에 대해 조언하지 않으며 그저 경청만 할 뿐이다.

이 드라마 안에서 미정은 그 자체로 빛이 난다. 외롭고 지쳐서 존재감마저도 흔들리며 약해져 있지만 그 속에서도 자신의 삶을 변화시키기로 결심하며, 잔잔하게 일상에서의 소소한 욕구들을 발견해 나가니 말이다.

미정에게 있어서 보다 중요한 것은 단지 어느 동아리에 들어갈지 결정하는 것이 아닌, 자신이 어떤 사람이며 이 지루한 일상에서 어떨 때 행복할 수 있는지를 발견하는 것이었다. 결국 주류에 소속되지 않더라도 그것과 상관없이 자신의 가치와 행복을 스스로 결정하고 찾아나갈 수 있다면, 설령 그 삶이 대다수로부터 인정받지 못하는 무엇이라 하더라도 그건 전혀 중요하지 않을 것이다. 그리고 어쩌면 그것이 훨씬 더 용기 있는 삶일지도 모르겠다.

그런 용기의 결실일까, 결국 미정은 자신의 욕구를 더 선명하게 발견하면서 자신이 원하는 삶의 방향으로 조금씩 조금씩 나아간다. 일에서도, 사랑에서도.

더 가까이 다가가도 괜찮다

나를 위해 쓰는 돈을 아까워하지 마라

자신에게 지나치게 인색한 사람보다는 다소 너그러운 사람이 훨씬 넉넉하고 좋아 보인다. 인색하다는 것에 정신적이든 물질적이든 여러 의미가 내포되어 있겠지만, 정신적인 것과 물질적인 것이 명확하게 나뉘는 것도 아니며, 상황에 따라서는 물질적인 것들도 정신적인 것만큼이나 가치가 있기도 하다.

주부 박 씨는 주로 가족을 위해서만 시간과 돈을 썼다. 경제적으로 제법 안정된 편이지만, 자신을 위해 돈이나 시간을 쓰는 것에 엄청난 죄책감이 든다고 말했다. 그래서 마지막으로 새 옷을 사 본 기억도 안 날 정도이고, 그나마 쓰는 돈도 주로 가족과 함께 먹을 것을 사거나 가족을 위한 물건을 사는 데에 지출하는 정도였다. 자신만을 위해 쉬거나 노는 시간은 상상도 하지 못했다.

박 씨는 이처럼 가족을 위해 끝없이 헌신을 하고 애쓰는 사람이었기에, 인색하다는 표현이 어울리는 사람은 절대 아니었다. 다만, 박 씨는 자기 스스로에게는 최고로 인색한 사람이었다.

한마디로 박 씨는 스스로를 돌보지 못하는 사람이었다. 그리고 그 밑바탕에는 깊은 마음의 상처와 고통이 있었다. 그리하여 나는 상담을 통해 박 씨가 스스로의 내면을 들여다보도록 유도했다. 시간이 흐르면서 그녀는 이따금 자기 자신만을 위해 종일 시간을 쓰는가 하면, 가족이 아닌 오로지 자기 옷이나 물건을 사기 위해 쇼핑하러 나가기도 하였다. 가끔이지만 이렇게 자신을 위해 돈과 시간을 쓰는 것이 스스로의 자존감을 높여주는 것인지 몰랐다고 박 씨는 말한다.

그래서 나는 지인들이나 학생들, 때로는 나 자신에게 이렇게 조언하곤 한다. 가능한 선에서, 가끔은 오로지 나 자신만을 위해 매우 기쁘고 당당하게 소비하라고 말이다. 때로는 물질적인 소비도 우리에게 위안이 될 수도 있으며, 우리는 충분히 그럴 만한 가치가 있으니 말이다.

아이의 자존감은 들어주는 만큼 커진다

대개 자존감이 낮거나 무력한 성인들을 보면 그 내력이 꽤 오래된 경우가 많다. 특히 이러한 성인들이 공통적으로 증언하는 경험들 중 하나가 부모와의 대화 방식인데, 부모들은 이들이 어렸을 때부터 자식이 이야기하는 것 대부분을 부정하거나 반박하는 식으로 의사소통했다는 것이다.

건호 씨는 30대 중반 직장인인데, 늘 주눅 들고 남들보다 뒤떨어진 것 같은 느낌이 지배적이어서 우울하고 불안하다고 이야기하였다. 자기가 이야기하는 것은 다 틀린 것 같고 주변 사람이 이야기하는 것은 모두 맞는 것 같아서, 어떤 사안에 대해 좀처럼 자기 의견을 내지 못하겠다고 말했다. 직장에서 상사로부터 말이 안 되는 부당한 요구를 받은 적이 있었는데, 그런 부당함에 화가 났다가도 잠시 후에는 그런 감정이 어디론가 사라지고 다시금 슬프고 무력한 감정이 자신을 지배했다는 것이다. 결국 부당한 상사이건 그렇지 않건 간에 자기는 그들에게 무조건적으로 맞춰주면서 관계를 유지하며, 집에 돌아와서는 허탈감과 무기력감에 지친 일상을 반복했다고 이야기했다.

건호 씨는 아버지와 함께 살긴 했지만 거의 없는 것이나 다름없을 만큼 아버지와 교류가 적었고, 주부였던 어머니가 건호 씨에게 늘 정답만을 제시해 주었다고 했다. 건호 씨가 기억하는 몇몇 에피소드를 떠올려 보니, 어릴 때 건호 씨가 친구 집에 가서 놀겠다고 했을 때 그 집에 폐가 된다며 학창 시절 동안 단 한 번도 친구 집에 가지 못하게 하였다는 것이다. 초등학교 고학년 때 사춘기가 시작되면서 이런 엄마 태도에 반항감이 들어 엄마에게 딱 한 번 울며 대든 적이 있었는데, 엄마는 소리를 지르며 건호 씨를 집에서부터 내쫓았다고도 했다. 결국 당시 벌벌 떨며 집으로 다시 들어온 건호 씨는 그 이후 엄마 말을 묵묵히 따르며, 줄곧 엄마에게 맞추며 지내왔다는 것이다.

건호 씨의 무력감은 이미 아주 어린 시절부터 시작된 것이나 다름없다. 어린 시절은 대개 자신의 기준이 세워지지 않은 시기인데다가 아이는 가까이 있는 엄마에게 절대적으로 의존할 수밖에 없는 시기이다. 그렇기 때문에 어린아이가 조잘대며 하는 어떤 말들을 엄마로부터 대번에 묵살당할 때, '이건 엄마가 옳지 않아'라고 생각하기보다는 '내가 이상한 아이인가 봐' 내지는 '내가 잘못된 사람인 것 같아'와 같이 생각하기 쉽다.

이런 생각들이 어린 시절부터 차곡차곡 쌓이다 보면, 결국 성인이 되어서도 내면에서 '나는 뭔가가 문제 있는 사람이야'라는 생각이 마음을 지배하게 된다. 그리하여 결국에는 자존감이 낮은 성인이 되어버리기 쉽다.

자존감은 벽돌을 하나하나 쌓듯이 어릴 때부터 서서히 구축되는 것이다. 따라서 아주 어릴 때부터 자녀가 어떤 이야기를 하더라도 부모가 비판적이기보다는 수용적인 태도로 자녀 이야기를 받아주며 대화를 해나가는 것이 그 사람의 자존감을 위한 귀한 밑거름이 될 것 같다. 건호 씨 역시 어릴 땐 엄마로부터 전혀 수용 받지 못했지만, 상담을 받으면서 그 어떤 이야기를 꺼내놓더라도 수용받기를 반복하면서 점차 자신의 목소리를 내기 시작했으니 말이다.

인연은 평생에 걸쳐 찾아온다

어릴 적 친구는 분명 소중하다. 내게도 그 시절 친구들은 상상하는 것만으로도 따뜻하고 흐뭇한 마음을 불러일으킨다. 자주 보든 가끔 보든, 그 어떤 맥락도 없는 이야기를 꺼내놓더라도 이야기는 신기하리만큼 재미있게, 때로는 깊게 흘러간다. 어릴 때 친구가 이렇듯 중요하고 소중하다 보니, 종종 '어릴 때 친구만이 진정한 친구다', '사회에서 만난 사람들은 진정한 친구가 될 수 없다'라는 말을 하는 사람들도 있다. 그러나 나는 그처럼 친한 친구의 범위를 한정 짓는 것에는 좀처럼 동의하기 어렵다.

우리는 살면서 우연한 만남을 수많이 경험한다. 특히 자녀를 키우는 엄마라면 아이를 키우면서 수많은 또래 엄마를 만나게 되는데, 그 가운데에서 보석 같은 인연을 만나는 경우를 많이 봐 왔다.

그 밖에도 많은 사람들이 어른이 되고 나서 만난 소중한 친구로 인해 인생이 더욱 즐거워졌다고 말하곤 한다. 새로운 동네로 이사 가서 동갑 아이들끼리 놀게 해 주려는 목적으로 옆 동 사는 아이와 그 엄마를 초대해서 이야기 나누었는데, 아이들보다도 엄마끼리 더욱 친해져서 지금은 최고의 친구가 되었다는 어떤 분의 이야기도 기억난다. 또 어떤 사람은 40세 넘어 가입한 테니스 동호회에서 마음이 잘 통하는 사람들을 만나 운동도 하고 이야기도 나누면서 오랜 시간 겪었던 불면증도 줄어들고 생활에 활력을 찾았다고도 말했다. 그렇게 보면, 사회생활을 하면서 친한 친구를 만드는 것이 반드시 불가능하다고 말하긴 어려울 것 같다. 하루 대부분의 시간을 보내는 직장 안에 마음 통하는 친구가 있다면 그것이야말로 인생에서 얼마나 큰 행운이겠는가?

그러니 친한 친구를 어릴 적 관계로만 한정 짓는 것은 거의 100세까지 인간관계를 맺으며 살아가는 우리네 삶에 비추어 볼 때 너무 경직된 고정관념이 아닐까 한다. 인간관계는 파도와도 같다. 친한 관계라 해도 상황상 잠시 밀려 나갈 수도 있고 또 다른 상황이 되어 다시 밀려올 수 있다. 해안선을 따라 여러 크고 작은 파도들이 시시각각 밀려오고 밀려 나가는 것이 마치 우리 인간관계와 같으니, 우리도 그때그때 유연하게 우리에게 소중한 관계들에 마음을 쓰면 좋을 것 같다.

나이가 들어도 연애할 수 있다

연애하는 것은 젊은 사람들만의 특권일까? 젊은 시절에 하는 사랑이 좀 더 흔하고 자연스러워 보인다는 이유로 우리도 모르게 나이 든 사람들의 '연애'나 '사랑'을 덜 중요하게 여길 때가 종종 있는 것 같다.

만약 60대나 70대에 홀로 되신 아버지가 새로 여자친구를 만난다고 하거나 그분과 새롭게 가정을 꾸리신다고 할 때, 아버지에게 사랑하는 여자가 생겼노라고 자식들이 곧장 그것을 긍정적으로 이해하는 경우는 많지 않을 것이다. 자식 입장에서는 친엄마와 정서적으로 엮여 있기도 한데다가 이런저런 현실적인 문제들이 얽혀 복잡한 마음이 들 것이기 때문이다. 그럼에도 불구하고, 아버지는 한 인간으로서 새로운 사랑을 할 수 있다. 자식들의 아버지란 이유로, 나이가 있다는 이유로 사랑하지 말라는 법은 없다.

나이 들어서 연애할 수 있다는 것은 비단 홀로 되신 어르신에 국한된 이야기는 아닐 것이다. 주변에 이런저런 이유로 다소 늦은 나이에 새로운 사랑을 시작한 지인들이 있는데, 나는 이들의 사랑을 대개는 적극 응원하는 편이다. 나이 들었다고 해서 그 사랑이 반드시 더 성숙하다거나 후회하지 않을 그런 사랑인 것은 아니기에 이들도 때로는 연인과의 만남을 후회하기도 하고 힘들어하기도 한다. 그럼에도 새로운 사랑을 꿈꾸고 상대에게 다가가는 것은 일종의 용기라고 본다.

나이 들어 하는 사랑에서 가장 좋은 점이 있다면, 젊을 때만큼 상대에게 크게 기대하고 바라지 않는다는 점이 아닐까 싶다. 사랑이라는 용어는 동일하나 사랑의 내용만큼은 사뭇 다르니, 나이 들어서도 우리는 꽤 멋있는 사랑을 할 수 있겠다 싶다.

나 또한 아직 해마다 봄이 와서 꽃이 피면 설레고 재미있는 것을 보면 젊은 사람들 이상으로 까르르 웃어 넘어지곤 하니, 마음만큼은 언제나 젊은이인 듯하다. 예순이 되고 일흔이나 여든이 되어도, 언제든 사랑할 수 있다는 마음을 갖고서 살아갔으면 좋겠다.

표현하지 않으면 공감받지 못한다

20대 후반인 직장인 지수 씨는 인간관계에서 늘 눈치를 보는 성격 때문에 지친다고 호소했다. 인간관계를 매우 중시하는 지수 씨는 친구들과의 대화에서도 늘 따뜻한 태도로 열심히 경청하고 호응을 해주었는데, 문제는 관계에서 자기만 너무 애쓰며 힘을 들이는 것 같고, 상대방은 자신만큼 관계에 공을 들이지 않는 것처럼 느껴진다는 것이었다.

지수 씨가 친구들에게 바라는 것은 단순했다. 자기 편에 서서 따뜻한 위로와 공감을 해주는 것뿐이었으니 말이다. 하지만 그녀는 주변의 친한 친구들이나 심지어 남자 친구조차도 자기가 애쓰는 것만큼 자기를 이해해 주거나 공감해 주지 않는다고 느끼고 있었다. 지수 씨와 같은 바람은 누구라도 가질 수 있는 그런 소망일 것이다. 그런 욕구가 채워지지 않으면 무척 힘들 수 있겠다는 생각에 나는 지수 씨의 마음을 찬찬히 위로해 주었다. 그런데 한편으로 문득 의문이 들었다. 보통은 친한 친구라면 공감이나 위로를 충분히 해주기 마련인데, 어째서 지수 씨의 친구들은 그녀의 마음에 대해 크게 신경 쓰지 않는 것일까?

그 해답은 지수 씨의 소통 방식에 있었다. 그녀가 회사에서 있었던 일들에 대해 친구들에게 말하는 장면 몇 개를 자세히 들어보니, 정작 그녀는 자신의 힘든 마음은 전혀 표현하지 않은 채 자신이 겪었던 사건들만 객관적으로 나열하는 식으로 전달하는 게 아닌가. 자기가 회사에서 얼마나 상처받았는지, 그로 인해 얼마나 괴롭고 힘든지, 현재 마음이 어떠한지에 대한 솔직한 감정과 생각은 친구들에게 전혀 표현하지 않았던 것이다.

아무리 공감을 잘하는 사람인들 어찌 그 모든 말들

에 대해 공감할 수 있겠는가? 상대방의 감정이 느껴져야 만 우리는 그 사람의 내면을 이해할 수 있다. 바로 그때 공감도 가능해진다. 그러나 지수 씨는 그렇게까지 이해 받고 공감받고 싶으면서도 자신이 얼마나 상처받고 지 쳤는지 하는 속내를 쏙 빼놓은 채 무미건조한 사건들만 주구장창 나열해 왔으니, 상대방이 점쟁이가 아닌 한 지 수 씨의 힘든 마음을 어찌 다 알고 공감을 해줄 수 있었 겠는가.

상담을 통해 지수 씨는 긍정적인 것이든 부정적인 것이든 자신의 감정을 친구들에게 좀 더 솔직하게 표현 하기 시작했다. 그녀가 자기 마음을 진솔하게 드러내면 드러낼수록 친한 친구들은 지수 씨 마음을 알고서 그 감정을 좀 더 깊이 알아주기 시작했다는 것이다. 결국, 부정적인 감정이든 긍정적인 것이든 내 감정을 진솔하 게 표현하는 것은 나 자신에게도, 친한 사람과의 관계에 서도 너무 중요한 것임이 틀림없다.

나의 가장 친한 친구는 나 자신이다

30대 초반 직장인 선경 씨는 혼자 보내는 시간이 거의 없다고 했다. 잠을 자는 시간을 제외하면, 퇴근 후나 주말 시간의 90%를 사람들과의 약속으로 채울 정도였다. 직장인 동호회, 친구들과의 만남, 선후배 모임, 가족 모임 등. 최근에는 바쁜 시간을 쪼개서 사람들과 소통하는 유튜브 채널도 진행한다고도 했다.

사람마다 성향이 제각각 다른 법이니, 인간관계에 에너지를 많이 쏟는 것 자체가 이상한 일은 아니다. 그런데 선경 씨에게는 상담을 받고자 한 뚜렷한 이유가 있었다. 바로 이성 친구를 만드는 게 쉽지 않다는 것이었

다. 분명 동성 이성 가릴 것 없이 두루두루 친한 것 같긴
한데, 정작 깊은 관계로 발전하는 이성은 별로 없었다.
오히려 선경 씨는 "연인과 친구의 기준이 뭔가요?"하고
되묻기도 했다. 선경 씨는 사람을 참 좋아하는 사람임엔
틀림없어 보였지만, 자기 자신에 대한 이해와 자각이 너
무도 부족하게 여겨졌다. 누군가와 사랑을 하기 위한 가
장 기초적인 준비가 바로 '자신을 아는 것'이다. 내가 떡
볶이를 좋아하는지 싫어하는지, 정치 이야기 나누는 것
을 혐오하는지 그렇지 않은지, 어떤 이성에게 더 끌리고
매력을 느끼는지, 내게 중요한 가치는 무엇인지 등등 나
에 대한 수많은 이야깃거리가 내 안에서 하나의 스토리
를 이뤄야 한다. 그 이야기가 아무리 소박하고 평범하더
라도 그것이 그저 '나 자신'이다.

선경 씨가 지금까지 그렇게 많은 사람을 만나면서
도, '나 자신'의 색깔 없이 만남을 가졌다면 얼마나 공
허했을까 싶다. 동시에 선경 씨를 만나는 사람들도 선
경 씨를 만나면서 이 사람이 어떤 사람인지 알기가 쉽
지 않았을 것 같다. 자기 자신에 대해 충분히 알고 이해

하지 못한다면, 타인을 이해하고 가까워지는 데도 한계
가 따른다. 그러니 선경 씨가 동성이든 이성이든 친밀해
지는 데 한계가 따르는 것은 당연할 수밖에 없었으리라.
누군가와 깊은 관계를 맺기 위해서는, 가장 먼저 자기
자신의 깊은 내면을 들여다볼 줄 알아야 한다. 좋은 친
구를 만들려면 우선 자기 자신과 최고의 친구가 되어야
하는 법이다.

힘들 때일수록 가까이 다가가라

사랑하는 연인들은 기쁜 일이든 슬픈 일이든 모든 상황을 함께 할 것처럼 다짐하곤 한다. 하지만 이런 경우도 있다. 어느 날 상대방이 상상할 수 없을 정도로 힘든 일들을 갑작스레 겪게 되었고, 그는 당신에게 부담 주기 싫은 마음에 그 모든 아픔을 혼자 감당하고자 하면서 당신에게 거리를 둔다. 당신은 이런 상황에서 힘들어하는 연인을 어떻게 대하겠는가?

사람이 심한 스트레스를 받거나 역경에 처하면 본연의 방어기제가 드러나기 마련이다. 불안하고 약한 마음을 보호하기 위해 우리 자신도 의식하지 못하는 채 행동하는 것이 이러한 방어기제라 할 수 있다. 어떤 사람은 극도의 어려움을 겪으면 모두로부터 회피하여 고립을 선택하기도 하는가 하면, 또 어떤 사람은 지나치게 남 탓을 하면서 자기가 감당할 책임을 덜기도 한다.

그 사람이 어떤 방어기제를 쓰든, 중요한 것은 현재 당신의 연인이 매우 어려운 상황에 처해 있다는 점이 아닐까 싶다. 그러나 힘든 상황을 혼자 감당하겠노라며 상대를 계속 밀어내는 사람은 결국 스스로를 더 힘들고 외롭게 만들 뿐이다.

많은 연인들, 혹은 가까운 친구 사이에서 우리는 상대방이 그렇게 하기를 원한다는 이유로, 일종의 '배려'라는 명목하에 일정 거리감을 유지하는 경우가 꽤 있는 것 같다. 가까운 이가 갑작스레 큰 병에 걸렸을 때, 그에게 다가가야 할지 아니면 그가 원할 때까지 일정 거리감을 유지해야 할지 망설여 본 적이 있다면 이 경우와 비슷한 상황일 것이다. 이럴 때 거리감을 유지하는 것이 정답일까?

예전엔 '상대가 원한다면 거리를 두어야 한다'라고

생각한 적도 더러 있었다. 상대방을 위한 '배려'라는 명목으로 말이다. 하지만 연인이 힘들어할 땐 그가 밀어내더라도 일정 시간 이상으로 너무 오랜 시간을 혼자 있도록 하면 안 된다. 너무 많은 시간이 흐르기 전에 그에게 가까이 다가가서 마음으로 함께 있어 주는 것이 더 좋다. 암 병동에서 환자들이 큰 병에 걸린 것보다도 훨씬 더 힘들어하는 것은 바로 환자 혼자 감당해 내야 하는 '외로움'이었다는 글을 읽고서 고개를 끄덕인 적이 있었다. 이처럼, 아끼고 사랑하는 사람이라면 힘든 상황에 처해 있는 상대방을 너무 오랫동안 홀로 있게 두지 않기를 바란다.

가장 큰 용기는 나를 용서하는 것이다

한참 전에 KBS에서 방영한 '마음' 다큐멘터리 시리즈를 본 적이 있다. 에피소드 하나하나가 모두 와 닿았지만, 유독 마음이 아팠던 한 사연이 있다.

때는 5·18 광주 민주화 운동 당시로 거슬러 올라간다. 그 당시 광주에서는 치안 유지라는 명목으로 자국 군대가 민간인을 학살하는 말도 안 되는 일이 벌어졌다. 당시 버스 승객이었다가 무참히 학살된 젊은이 하나가 바로 자신과 함께 살던 또래 사촌 남동생이었다는 것을, 군인 김 씨는 뒤늦게 발견한다. 공수부대원 진압군으로 투입된 김 씨는 군수품을 정리하는 하사였고, 신참인

그로서는 어떻게 해야 할지 모른 채로 사촌 남동생이 막 사 근처에 매장되는 것을 바라보기만 한다.

강렬한 죄책감에 휩싸인 김 씨는 그날부터 현재에 이르기까지 약 몇십 년간의 세월 동안 제대로 된 생활을 영위하지 못한 채 외롭게 지냈다. 함께 지냈던 외삼촌 댁에 그 이후로 단 한 번도 가지 못하였고, 무거운 마음으로 하루하루 속죄하듯 지냈다고 말했다.

다큐멘터리에서, 김 씨는 드디어 속죄하리라고 용기를 내어 외삼촌 댁을 찾아간다. 하지만 외삼촌은 이미 너무도 노쇠해 버려 김 씨를 알아보지 못한다. 달빛 아래에서 김 씨는 외삼촌과 한 방향을 바라본 채 그저 서로 멀찌감치 앉아있을 뿐이다. 김 씨는 북받치는 감정을 누르면서 나지막이 이렇게 내뱉는다. "인생이란 게⋯ 심혈을 기울여 살아볼수록⋯ 별게 아니다, 하는 생각이 들어⋯."

화면으로 김 씨를 바라보는 내내 마음이 묵직해지면서 조용히 눈물이 흘러내렸다. 김 씨가 너무도 안쓰러웠기 때문에, 그리고 80년대의 비참했던 현실이 참으로 원망스럽고 화가 났기 때문이었다. 그리고 내가 그 시절 김 씨였다면 과연 용기를 내어 과감하게 또 다른 선택을 할 수 있었을지 생각해 보기도 했다. 답하기 어려운 이야기였다.

타인을 용서하는 것보다도 자기 자신을 용서하기가 훨씬 더 어렵고 인색해지는 것이 어쩌면 우리 인간일지 모르겠다. 그럼에도, 나는 김 씨에게 이제 자신을 용서하면 좋겠노라고 진심을 담아 담담하게 이야기해주고 싶다. 자신을 놓아줄 수 있는 건 오로지 자신뿐이다. 김 씨가 자신을 용서하고 죄책감을 놓아버릴 수 있길 소망해본다.

인간관계는 식물을 대하듯 해야 한다

좋은 인간관계를 위해선 노력이 필요하다는 말에는 다들 동의할 것 같다. 더 나아가, 가족과의 인간관계에도 깊은 정성과 노력이 필요하다는 생각을 최근 들어 점점 더 많이 하게 된다.

가령, 가족들 생일을 잊지 않고 챙겨주는 일, 가족 여행을 계획해 다녀오는 일 등이 그렇다. 모두가 즐겁자고 만나는 가족 행사라고 해도 집에서 할라치면 작든 크든 뭐라도 준비해야 하니 힘들고, 밖에서 만나려 하면 메뉴부터 식당 선정까지 예약이다 뭐다 신경을 써야 하니 이것도 꽤 번거로운 과정이 아닐 수 없다.

그럼에도 이러한 가족 이벤트는 꽤 의미 있게 여겨
진다. 그 이유를 몇 가지 꼽자면, 첫째, 가족은 너무 가
깝고 언제나 볼 수 있다는 이유로 인해 공식적으로 챙길
기회가 오히려 적은 편이다. 부담스럽거나 너무 빈번한
행사는 단연코 반대지만, 가족의 몇몇 기념일을 정해서
서로 챙겨주고 챙김을 받는 것은 꽤 소중한 경험인 듯
하다.

둘째, 좋은 가족 이벤트는 소중한 추억이 될 수 있
다. 훗날까지도 두고두고 꺼내어 이야기하면서 가족 간
소통의 기회를 열어줄 수 있기에 그것만으로도 꽤 의미
가 있을 것이다.

마지막으로, 이벤트를 위해 애쓰는 소소한 과정 자
체가 관계를 위한 애정이자 노력 아니겠는가. 맛있는 음
식 그 자체도 좋지만 결국에는 그 음식을 고르느라 애
를 써준 이의 정성으로 인해 이미 기분이 좋아지는 것처
럼 말이다.

결국, 가족과의 관계도 중요한 인간관계 중 하나다.
특히, 가족은 그야말로 평생 동안 장기간의 관계를 맺어

야 하는 대상들이다. 창가에 놓인 식물에게도 단 한 번 물을 주고 마는 것이 아니라 날을 정해놓고서 꼬박꼬박 물을 주며 세세한 관심을 가지는 것이 당연한데, 하물며 우리와 일평생 함께 하는 가족에게 가끔이나마 겉으로 티가 날 만큼 관심을 기울이는 것이 어찌 보면 당연하지 않을까. 그러고 보면, 가까운 관계든 먼 관계든 모든 관계에는 크고 작은 관심과 정성이 필요한 것이니, 관계는 거저 얻어지는 것은 아니로구나… 하고 다시금 생각해 본다.

모든 사람은 각자의 방식으로
위로를 건넨다

내게도 심적으로 너무도 고통스러웠던 때가 있었다. 고통의 끝이 언제일지 막막하기만 했던 그런 때였다. 그래도 정신 바짝 차리고 이 순간을 잘 보내자, 생각하며 스스로를 다독거렸던 그런 시간이었다. 그때를 떠올리면 아직도 살짝 눈가가 젖곤 하니, 힘들긴 꽤 힘들었구나 싶으면서 만감이 교차하곤 한다.

그때 난 때때로 친한 친구들, 때론 내 상황을 잘 아는 지인에게 내 상황과 속마음을 털어놓곤 했다. 그러자 어떤 친구는 내 이야기를 듣자마자 친구의 남편까지 동원하여 현실적으로 정보를 제공해 주고, 만나서 또는 전화로 계속해서 안부를 묻고 위로 해주며 토닥여주었다. 한편 어떤 친구는 비슷한 자신의 이야기를 들려주면서, 묵묵히 따뜻한 눈빛으로 위로를 건네주기도 하였다. 또 어떤 친구는 잔잔하게 일상을 나누며 밥 한 끼를 함께 했다.

만날 때마다 유치한 학창 시절로 돌아간 듯 왁자지껄 웃음꽃을 피우던 고등학교 친구들도 내 힘든 이야기에 잠시나마 숙연해지면서 마음 깊이 공감해주었다. 그러다가도, 잠시 후엔 언제 그랬냐는 듯 다시금 웃음 넘치는 시끌벅적한 분위기를 자아내어 그날은 정말 원 없이 웃고 집에 돌아왔더랬다. 집으로 운전하며 오는 길에 그 친구들이 얼마나 고마웠던지… 코끝이 찡했었다.

내 처지를 아는 선생님 한 분은 가끔씩 안부 전화를 걸어 나의 상황을 물어보곤 하였는데, 그때 그분이 전화로 내게 전해주신 말씀에 울컥해서 꺼이꺼이 울었던 기억이 지금도 생생하다. "선생님, 힘들 때 잘 보내는 것이 중요합니다. 힘들 때 그 사람의 고결함이 나오기 마련이에요."

예전엔 가족과 같이 나와 아주 가까운 사람들만이 우리가 어려움에 처했을 때 위안과 도움이 될 수 있다고 생각했던 때도 있었다. 하지만 나와 정서적으로 가까운 이든 다소 거리가 있는 사람이든 간에, 각자 저마다의 방식으로 다양하게 위로를 전해주었고, 신기하게도 그 마음들은 제각각 내게 닿아서 큰 위로가 될 수 있었다. 누군가가 힘들어할 때 나는 어떤 방식으로 위로를 해주는 사람일까? 생각해 보게 된다.

좋은 관계는 보이지 않아도 연결돼 있다

애완동물을 키우는 사람이라면 누구든 상상으로 조차도 마주하기 싫은 경험 중 하나가 바로 애완동물의 죽음이다. 그리고 그 죽음을 경험해 본 사람이라면 다들 그 슬픔의 깊이가 어느 정도인지 충분히 머리 끄덕이며 공감할 수 있다.

내게는 두 마리의 애완동물이 있었다. 주변 사람들에게 나의 애완동물에 관해 이야기해 줄 때, 나는 '새 엄마'라며 넉살 좋게 나를 소개하곤 한다. 눈치 빠른 분들은 금세 알았겠지만, 나는 새, 즉, 앵무새를 키운다. 종이

다른 앵무새 두 마리를 10년 넘게 키웠는데, 그 중 한 마리인 '핑이'가 지난해 10년을 살고서 수명을 다해 죽었다. 워낙에 색이 곱고 이쁜 앵무새였는데, 유난히 핑크색이 도드라져서 이름을 핑이라고 지었더랬다. 이 앵무새 종의 특성상, 대략 10년 정도 산다고는 들었지만, 그래도 내가 키우는 새는 왠지 10년은커녕, 20년도 더 살지 않을까 하는 비현실적 바람을 가지기도 했다. 그러나 쌀쌀한 어느 날 아침 핑이는 새장 바닥에 힘 빠진 모습으로 덩그러니 누워있었고, 그게 핑이의 마지막 모습이었다. 그날 얼마나 많이 울고 힘들어했는지….

지금도 그때를 떠올리면 핑이 생각이 나서 그리움에 눈물이 흐른다. 우리 가족은 코끼리 그림이 그려진 작디작은 나무 상자에 핑이를 넣었고, 그렇게 핑이를 애도하며 함께 하루를 지냈다. 핑이가 머물던 새장, 핑이가 물어뜯어 군데군데 표지가 잘려져 나간 나의 책들, 스마트폰 속 딸아이 사진만큼이나 많은 핑이 사진들, 그것들을 들척이고 만져보면서 죽은 핑이를 그리워 했다. 그리고 다음 날 오후에, 어느 절 옆의 볕 좋은 기슭에 땅속 깊이 핑이를 묻어주었다. 행여나 땅이 파일까 염려되어, 나무 상자 위에 넓적한 큰 돌도 얹어주고 그 위에 다시 흙을 덮고 또 덮길 반복했다. 그리고 집에 돌아오면서 핑이가 있는 곳을 몇 번이나 돌아보며 느린 걸음으로 내려왔다.

그렇게 벌써 시간이 꽤 흘렀고, 핑이를 향한 나의 애도는 지금도 계속되고 있다. 아직도 핑이를 떠올리면 가끔은 눈물이 흘러내리고, 사람들에게 핑이 이야기를 할 때면 그 아이가 너무 보고 싶어져서 슬픈 감정이 벅차오르니 말이다.

앵무새 핑이에 대한 나의 애도가 언제 끝날지는 모르겠다. 그러나 중요한 것은 핑이가 곁에 없어 눈에 보이지 않더라도, 핑이라는 소중한 의미로서의 '대상'이 어느새 마음에 굳게 자리 잡고 있다는 것이다. 핑이를 만질 수 없고 볼 수 없어도, 핑이와의 관계는 내 마음속에서 서로 정신적으로 아주 가까이 따뜻하게 연결되어 있다. 그 추억을 떠올리면 지금도 가슴이 따스해진다.

소중한 대상과 이별했을 때, 상실 감정을 잘 다루기 위해서는 반드시 애도의 과정이 필요하다. 애도는 사랑하는 대상이 이 세상에 존재하지 않음을 분명히 인정하고, 그 상실감을 마주하며, 진정으로 슬퍼하는 과정이다. 따라서 애도의 과정 없이는 슬픔이라는 상실의 감정이 좀처럼 정리되기 어려운 법이다. 충분히 애도하고 난 후에야, 비로소 그 대상을 내 마음속에 영원히 간직할 수 있게 된다.

더욱이 마음 같아서는 단번에 상실 감정을 회복하고 싶기도 하지만, 애도의 과정은 우리가 생각했던 것 이상으로 긴 시간이 필요한 경우도 있다. 상실한 대상이 갖는 의미가 사람마다 다른 만큼, 사람들의 애도 과정 역시 그 길이나 특성이 하나같이 제각각 다르기 마련이다.

그러니, "강아지 죽은 지가 1년이 넘었는데 아직도 슬퍼하세요?"라는 별것 아닌 것처럼 내뱉은 이 말이 어떤 이들에게 있어서는 얼마나 상처가 되는 말일지, 이제

는 충분히 이해하고도 남을 것이다. 그러니 소중한 대상
과 이별했을 때, 슬퍼할 수 있을 만큼 충분히 슬퍼해도
괜찮다고 말해주고 싶다. 애도에는 시간제한이 없으니
말이다.

인간관계를 모질게 끊을 필요는 없다

가까운 사람에게서 상처받았을 때 저마다 하는 대처는 다르기 마련이다. 관계에서의 상처는 사실상 가까운 사람들끼리 주고받기 마련이기에, 가까웠던 사람끼리 원수가 되는 경우도 적지 않다.

대학생 은희 씨는 대학에서 만난 친구 A, B, C와 친하게 지냈는데, 그중 A와는 서로의 집을 오갈 정도로 가깝게 지냈다. 그러던 어느 날 은희 씨는 B, C와 사소한 갈등이 생겼는데, A는 B, C의 이야기에 조금 더 귀를 기울이면서 은희 씨를 오해하게 되었다. 어떤 상황에서도 A만큼은 자신과 함께 해줄 거라고 믿었던 은희 씨는 깊은 실망감에 휩싸여서 인간관계 자체에 회의를 느꼈다. 결국 은희 씨는 친구 A를 끊어내기로 결심하며, 다시는 만나지 않을 것이라 다짐했다.

한편 30대 초반 직장인 성철 씨는 자신이 마음을 나눌 수 있는 친구가 한 명도 없다는 것이 슬프고 때로는 인생을 헛산 것처럼 느껴지기도 했다. 성철 씨는 비교적 호감 가는 외모에 약간의 유머 감각도 있었기에 처음 만나는 사람과 관계를 형성하는 것은 어렵지 않았다. 문제는 성철 씨가 인간관계를 오랜 기간 이어 나가지 못하는 것이었다.

그 이유를 살펴보니, 성철 씨는 누군가 자신에게 듣기 거북하거나 언짢은 말을 하면 그 관계를 회피하다가 결국 끊어버리는 경향이 있었다. 성철 씨는 친한 사람들에게도 부정적인 표현이라든지 속내를 좀처럼 보이지 않았기에, 관계가 단절된 친구들은 왜 갑자기 성철 씨가 자신의 연락을 받지 않고 얼굴조차 볼 수 없는지 전혀 영문을 알 수 없었다. 그들의 당혹감을 모르는 바 아니었지만, 성철 씨는 한번 마음이 떠난 사람하고는 최소한

의 관계조차도 이어 나가고 싶지 않다고 말했다.

은희 씨와 성철 씨는 둘 다 친한 사람들과 관계를 끊어버리는 식으로 자신의 자존심을 보호하고 있다. 친한 사람으로부터 받은 마음의 상처는 생각보다 너무 아프고 깊기 때문에, 우리는 자연스레 그 상처를 상대방에게 되갚아 주는 방식으로 우리의 자존심을 보호하고 싶어 한다.

완전하지 못한 한 인간으로서, 상처를 받아 화가 나고 슬플 때면 아무리 심한 행동이라도 속 시원하게 감행하고 싶은 것이 솔직한 우리네 모습 아니겠는가. 다만 그렇게 되갚아 주는 방식으로 '관계의 단절'을 택한다면 단기적으로는 속 시원한 방어 무기가 될 수 있을지 몰라도, 장기적으로 볼 때는 인생에 있어서 큰 미해결 과제로 남을 수도 있다. 즉, 관계를 회피하거나 단절함으로써 우리는 상대방과 화해할 기회나 싸울 수 있는 기회 모두를 잃게 된다. 이는 언젠가 나아질지도 모르는 모든 가능성을 철저하게 봉쇄하는 것이기도 하다.

결국, 내 무너진 자존감을 지키기 위해 그 사람과의

단절을 선택하지만, 이를 통해 내 자존감을 회복하는
건 어렵다는 것이 결론에 가깝다. 그러니 친한 관계에서
의 단절만큼은 성급하게 결정하기보다 잠시 뒤로 미뤄
놓는 편도 나쁘지 않을 것 같다.

친하지 않다고 섞일 수 없는 건 아니다

내게 익숙하고 편한 사람들과 더 가깝게 소통하고 교류하는 것은 어찌 보면 당연하다. 나와 가까운 사람들과 잘 지내는 것도 중요하겠지만, 그렇지 않은 사람들과도 때때로 그럭저럭 잘 섞여 지낼 수 있다면 그것도 꽤 괜찮아 보인다.

대개 보면 친한 사람과 그렇지 않은 사람을 대하는 방식에 있어서 온도 차가 매우 큰 사람들이 있다. 이런 사람은 친한 사람과 친하지 않은 사람의 구분이 분명한 사람으로, 자신의 영역 안에 들어와 있는 사람에게는 매우 관대하고 허용적이지만 그렇지 않은 사람들에겐 전혀 다른 사람처럼 행동한다. 또 어떤 사람은 친한 사람과 그렇지 않은 사람의 구분이 전혀 없는 경우도 있으니, 이런 사람들은 자신에게 의미가 깊고 특별한 사람이 따로 있다기보다는 인간관계를 맺는 모든 사람에게 동일한 무게로 관계를 형성한다.

두 경우 모두 친한 사람과 덜 친한 사람들과의 경계 설정이 너무도 극과 극이라는 특징이 있다. 전자는 친한 사람과 그렇지 않은 사람의 구분이 지나치게 경직되어 있기에, 덜 친한 상대방 입장에서 지나치게 매정해 보이고 정 없어 보일 수 있을 듯하다. 후자는 인간관계에서의 경계가 지나치게 모호한 사람으로, 사람이 사용할 수 있는 에너지엔 한계가 있기 마련인데 이럴 경우 당연히 소중한 사람과의 관계가 깊어지는 데에 어려움이 따를 수밖에 없다.

따라서, 친한 사람과 그렇지 않은 사람과의 관계 설정을 조금 더 유연하게 하면 어떨까 한다. 즉, 나와 아주 가까운 사람에게 주로 에너지를 쏟되, 덜 친하거나 나와 색이 다른 사람들과도 가끔씩 편안하게 어울려 보는 것이다. 살다 보면 어떤 경우에는 내 영역 밖에 있었던 사람과 어떤 계기를 통해 아주 가까워지는 경우도 생길 수 있으니, 어떤 관계든 지나치게 고정된 것으로 못 박아 둘 필요까진 없을 것 같다. 가끔은 나와 색이 다른 사람들과도 어울릴 수도 있는 것이며, 그 정도의 균형은 우리네 길고 긴 인생에서 꼭 필요한 것이다.

상대방의 욕구에 귀 기울인다

연인 간 갈등을 줄이려면 서로 어느 정도의 노력이 필요한데, 그중에서도 특히 상대방의 욕구에 귀 기울이는 것은 무엇보다도 중요하다.

20대 중반 경희 씨는 현재 2년째 남자 친구를 만나고 있지만 늘 사랑에 허기진 느낌을 받는다고 말한다. 남자 친구가 자신을 사랑하는 것은 분명한데, 뭔가 부족하게 느껴진다는 것이다. 자세히 들어보니 직장에 다니는 남자 친구의 성격은 매우 내성적이었는데, 사람 자체가 성실한 완벽주의 타입에 직장의 업무도 많아서 경희 씨에게 쏟을 시간과 에너지가 현실적으로 부족하다고 했다. 평일엔 거의 모든 에너지를 업무와 직장에서의 인간관계, 자신의 취미생활에 쏟고, 주말엔 그 에너지를 보충하기 위해서라도 혼자 쉬어야 하는 게 남자 친구의 패턴이었다. 만난 지 6개월 이후부터는 1주 혹은 2주에 한 번 정도 만남을 가졌다고 말한다. 물론 중간에 남자 친구는 계속 SNS로 경희 씨와 연락을 취하긴 했지만, 경희 씨는 그런 것들이 항상 성에 차지 않았다.

그런 속상한 마음을 남자 친구에게 털어놓으면, 남자 친구는 미안하다고 이야기하면서 일시적으로나마 경희 씨를 위해 노력하는 것이 보였다. 하지만 남자 친구는 자기에게 시간과 에너지가 많이 없다면서 자신을 이해해달라고 거듭 요청하였고, 경희 씨는 한숨을 쉬며 남자 친구를 이해하기를 반복하였다. 그렇게 불만족스러운 마음을 감수하며 2년째 만남을 유지해 온 경희 씨는 이제는 그런 남자 친구에게 속마음을 말하기도 지쳤다고 말하며, 남자 친구를 향한 자신의 요구가 과한 것이 아니라면 이제는 헤어짐도 각오하고 있다고 고백했다.

사랑에 대해 연구한 로버트 스턴버그라는 학자는

사랑에 세 가지 조건이 필요하다고 설명하는데, 친밀감, 헌신, 열정이 그것이다. 이 세 가지 조건의 수준이 모두 높다면 가장 이상적이고 성숙한 사랑을 하고 있다는 뜻이다. 따라서 이들 중에 서로 어느 것이 높고 낮은지에 따라 연인들의 사랑 유형은 달리 나타나게 된다. 예를 들어, 헌신은 높지만 친밀감이나 열정이 부족한 커플이라면 '사랑을 지키겠다는 책임감만이 앞서는 연인들'이라고 할 수 있다. 이런 유형의 커플은 다소 공허한 사랑을 하고 있을 가능성이 크다.

경희 씨 커플은 친밀감은 높지만 한쪽의 헌신과 열정이 매우 부족해 보인다. 게다가 경희 씨는 꾸준히 남자 친구에게 어느 정도의 열정을 요구하지만 이것이 좀처럼 충족되지 않으니 무척이나 답답했을 것이다. 경희 씨는 자신이 좋아하는 남자 친구의 욕구를 존중해 주고자 긴 시간을 감내하며 노력하였지만, 남자 친구는 여자 친구의 욕구를 위해 자신이 변화하려 노력하거나 애쓴 것 같지는 않아 보인다.

어느 연인이건 간에 처음부터 서로 척척 잘 맞는 이

들은 없을 것이다. 생각이나 가치관, 감정선이 서로 다르기에 서로의 욕구에 귀를 기울이는 것이 더더욱 중요하겠다. 서로의 욕구를 알고 나서야, 어떤 것은 내가 양보하고 어떤 것은 그가 양보하면서 서로의 다름을 조율해 나갈 수 있다.

인간관계란 시소와 같다. 한 사람의 마음이 너무 크면, 균형이 어긋난 시소는 기울어진 채 움직이지 않는다. 각자의 자리에서 서로가 발돋움을 하려는 노력이 없으면, 그 관계에서는 어떤 즐거움도 의미도 찾을 수 없을 것이다. 아무리 서로 친밀한 관계라 하더라도 일방적인 관심과 희생은 결국 권태와 피로를 가져다준다. 다른 한쪽의 노력 없이 기울어진 시소를 움직이는 유일한 방법은 결국 시소에서 내려 버리는 것밖엔 없을 것이다.

결국 좋은 연애라는 것은 서로의 욕구를 얼마나 섬세하게 조율하고 노력하는가가 중요한, 고난이도의 인간관계임에 틀림없다.

조건 없이 만나고 조건 없이 사랑하라

심리학자 로저스는 인간이 조건 없이 긍정적으로 존중받고 수용받을 때 그의 자존감이 올라가며, 그런 경험이 반복되면서 인간은 훨씬 더 자기다워지는 경험을 하게 된다고 설명하였다. 그가 설명한 '조건 없는, 무조건적인 수용'이라는 말은 듣기만 해도 무척 감동적이다. 생각해 보면, 우리는 얼마나 무수히 많은 정신적, 물질적 조건들을 내세우며 연인을 평가하고 저울질해왔던가?

연인 간의 다툼 상당수가 '내가 당신에게 한 것만큼 당신이 내게 해주지 않아서'인 것을 보면, 조건 없는 사랑은 부모 자식 간에만 가능하며 연인들에게 적용하는 게 어렵지 않을까 싶기도 하다. 그럼에도 불구하고, 주변에서 가끔씩 이런 연인 이야기들을 들을 때 가슴이 먹먹해지기도 한다.

태은 씨는 동규 씨와 7년째 만나고 있는데, 동규 씨는 돌보아야 할 가족들 때문에 늘 어깨가 무거운 사람이었다. 세상 사람들이 이야기하는 결혼 적령기라는 것이 이미 오래전에 지났지만, 동규 씨에게는 결혼이라는 것이 현실적으로 여간 큰 부담이 아니었다. 심지어 동규 씨 가족들조차도 동규 씨가 결혼하는 것을 썩 내켜 하지 않는 분위기인지라, 태은 씨 주변 사람들은 이런 이야기들을 들을 때마다 열에 아홉은 동규 씨와의 만남을 이해하지 못했고, 심지어는 헤어지라고 조언하기도 했다.

태은 씨라고 어찌 힘들지 않았겠냐만은, 태은 씨는 그런 동규 씨가 좋았고, 스스로의 힘으로 충분히 감당할 수 있을 거라 생각했다. 넉넉한 결혼 생활을 하며, 적당한 시기에 아이를 낳고 단란한 가정을 꾸리고도 싶었지만, 동규 씨의 형편이 그러하다면 충분히 그런 상황을 이해하며 그와 함께 하고 싶다고 이야기했다.

그 이야기를 들으며, 한편으로는 요즘 사람 같지 않게 다소 현실성 부족하게 보이는 태은 씨에 대해 마치 엄마의 마음처럼 걱정이 되기도 했다. 그러면서 동시에 현실적인 잣대로 태은 씨의 손해와 이득을 셈하면서 이것저것 조언해 주려 했던 스스로가 약간 부끄러워지기도 하였다.

어찌 보면, 인간관계와 사랑에 있어서 완벽한 정답이 있을까? 어떤 선택이건 간에 자기가 감당하고 책임질 만하면 충분히 헤쳐나갈 수 있으리라. 동규 씨가 처해 있는 환경을 탓하며 동규 씨를 밀어내는 것이 아니라, 그가 어떠한 상황에 처해 있던 간에 있는 그대로의 동규 씨를 아껴주고 사랑하는 태은 씨 모습이 용기 있어 보인다.

사랑이 깊을수록 이별은 아프다

엄마의 사랑을 보여주는 영화들이 꽤 많지만, 그 가운데서도 마음 깊숙한 울림을 주었던 영화 한 편이 있으니 바로 〈절대 고요를 찾는 남데브 아저씨〉라는 영화이다.

이 영화는 인도의 도시에서 정신없는 일상에 지칠 대로 지친 남데브 아저씨가, 고요하고 조용한 세상을 꿈꾸면서 세계에서 가장 조용한 곳으로 알려진 티베트 고원 '침묵의 계곡'으로 여행을 떠나면서 시작된다. 영화는 퉁명스럽지만 속정이 깊은 남데브 아저씨의 뚱한 표정과 인도 북부의 아름다운 풍경을 교차하며 익살맞은 분위기로 관객을 미소 짓게 한다. 남데브 아저씨는 목적지를 향해 가는 도중 일릭이라는 조잘대기 좋아하는 한 어린 소년을 만나게 된다. 신비한 '붉은 성'을 찾아가고 있었던 소년 일릭은 끊임없는 수다로 소음에 넌더리가 난 남데브 아저씨를 지치게도 만들었지만, 그럼에도 남데브 아저씨는 왠지 모르게 일릭에게 조금씩 마음을 열게 된다.

마침내 남데브 아저씨는 '침묵의 계곡'에 다다른다. 하지만 그곳 역시 이미 문명의 소음으로 가득 차 있었을 뿐, 그가 원하는 절대 고요는 어디에도 없었다. 크게 실망한 남데브 아저씨에게, 소년 일릭은 자신과 함께 '붉은 성'까지 함께 가 달라고 조른다. 일릭은 지금 '붉은 성'까지 향하는 게임을 하는 중인데, 그곳에 가서 엄마를 만나야 게임을 클리어 할 수 있다고 했다. 그 게임을 완수하기 위해 남데브 아저씨가 그곳까지 함께 가주어야 한다면서 말이다.

그렇게 소년과 동행하던 남데브 아저씨는 그날 밤 숙소에서 뉴스를 보다가 우연히 소년의 부모와 관련된 소식을 접한다. 소년의 어머니는 가족이 정해 준 사람이 아닌 자신이 사랑하는 사람과 결혼을 했는데, 그것이 가족의 명예를 실추시켰다는 이유로 일릭의 어머니가 가족으로부터 명예살인을 당했다는 이야기였다.

일릭의 어머니는 생전 언젠가 자신이 가족으로부터 명예살인을 당할지도 모른다고 여겼으며, 자칫 아들까지 살해당할까 염려했다. 그리하여 일릭이 자신의 보호 없이도 살아남을 수 있는 방법을 고안하여 게임과 매뉴얼로 만들었고, 아주 어렸을 때부터 그것을 반복해서 연습시켰던 것이다. '엄마가 방에 누워있는데 네가 아무리 엄마를 흔들어도 움직이지 않으면 이 게임은 시작된단다'로 시작되는 매뉴얼 첫 문장에는 그야말로 눈물이 핑 돌았다. '붉은 성'에 가는 도중 버스를 타기 전 정류장에서 믿을 만한 아저씨를 따라다니라는 것 역시 엄마가 만들어 놓은 철두철미한 매뉴얼의 일부였다.

그들이 도착한 '붉은 성'은 불교 사원이었고, 남데브 아저씨는 안쓰러운 마음에 일릭에게 자신과 함께 살지 않겠냐고 묻는다. 하지만 일릭은 엄마와의 게임을 마쳐야 한다면서 남데브 아저씨와 이별을 고하고 머리를 깎고서 스님으로서의 수행을 시작한다.

남데브 아저씨의 투덜댐으로 시작하는 영화의 시작은 가벼웠으나 결국 이 영화는 인도에 아직까지 남아있는 명예살인을 잔잔한 시선으로 고발하고 있는, 결코 가볍지만은 않은 영화였다.

부모로부터의 분리와 독립은 모든 자식들이 언젠가는 맞닥뜨려야 할 당연한 삶의 과정이겠지만, 그것도 적당한 때가 있는 법이다. 이 영화의 일릭과 같이, 예상할 수 없는 비극의 순간 어쩔 수 없이 맞닥뜨린 부모와의 분리라면 과연 마음이 아프지 않을 사람이 어디 있을까 싶다.

상담 현장에서 이런저런 사례를 접하다 보면, 일릭과 동일하지는 않더라도 이에 준하는 경험을 하는 청소년들을 종종 보게 된다. 초등생 자녀를 방치해 둔 채로 가출해 버린 부모, 외조모에게 어린 자녀를 맡기고서 어느 날 자취를 감춰버린 엄마, 부부가 이혼해 놓고서 부모 어느 누구도 자녀를 감당하지 않는 무책임한 부모

등, 꺼내 놓는 것 자체로 마음이 아리는 내용들이다.

그러고 보면, 어쩔 수 없이 경험한 부모와의 분리라고 해도, 위에 적어놓은 청소년 사례와 일릭이 경험한 내용은 단연코 다르지 않을까 싶다. 무엇보다도, 일릭의 엄마는 그를 살리기 위해 온 힘을 다하지 않았는가. 비록 일찍부터 엄마로부터 분리된 것임은 같더라도 일릭의 어머니는 위의 예시들에 설명된 어머니들처럼 자녀 손을 일방적으로 놓아 버린 것이 아니다. 엄마의 사랑으로 온 힘을 다해 일릭을 구출했으니 말이다.

4장

너무 가깝지도
너무 멀지도 않게

자신을 아끼는 사람이 가장 멋있다

우리가 스스로를 아끼고 돌보는 방법은 참으로 다양하다. 사람마다 행복감을 느끼는 원천이 다양하기에, 자신을 아끼기 위해서는 정말 자신이 원하는 것이 무엇인지 예민하게 관심을 기울여 살펴야 한다. 진정으로 자신을 아낄 줄 아는 사람이란 자신의 욕구에 바짝 귀를 기울이며 '내가 가장 필요로 하는 것'을 삶의 우선순위로 고려할 수 있는 사람일 것이다.

이런 사람을 떠올리라고 하면 늘 1순위로 떠오르는 사람이 있다. 어느새 꽤 깊고 오랜 인연을 맺어온 친구인데, 이 친구는 늘 자신의 욕구를 정확히 파악하고 있다.

그러다 보니 그는 의견을 묻는 질문에 '아무거나'라고 대답하는 경우가 거의 없다. 그만큼 먹고 싶은 것, 만나고 싶은 사람, 가고 싶은 곳, 해야 할 것들이 대부분 분명한 편이다. 그리고 그것들의 우선순위 또한 명확하니, 만나고 싶은 사람과 해야 할 것들을 대부분 본인이 주도적으로 선택한다. 그밖에 우선순위에 밀리거나 급하지 않은 일들에는 자연스럽게 선을 그을 줄도 안다.

자신의 욕구를 우선시하는 것이 자칫 인간관계에 악영향을 미치는 결과로 돌아오진 않을까 염려하는 사람들도 있을 것이다. 하지만 그렇지 않다. 앞서 얘기한 내 친구만 해도 그렇다. 나는 이 친구를 오랫동안 알아왔기에 주변 인간관계까지도 대부분 알고 있는데, 자기 자신을 위해 상대방에게 선을 긋고 거절하는 행동은 의외로 주변 관계에 그리 큰 영향을 미치지 않았다.

그것은 이 친구의 거절이 자기 욕구만을 챙기려는 이기적인 태도가 아니었기 때문이다. 이 친구는 평소 주변 사람들에게 관심을 기울이며, 워낙에 친절하고 재미난 사람이기도 하다. 그러나 누군가 무리한 부탁을 한다면 적당한 선에서, 정중히 거절한다. 이것은 타인의 마음이나 부탁을 무시하고 내 욕심을 고집하는 태도가 아니라, 자신이 정말로 할 수 있는 것들과 그렇지 않은 것들을 구분하는 태도다. 사실 이런 태도야말로 관계를 더욱 건강하게 만든다. 반대로 관계를 망치는 게 두려워 상대방에게 무조건 맞춰 주기만 하다간 어떻게 될까? 야금야금 무리한 부탁까지 들어주게 되면서 마음의 인내심이 조금씩 바닥나기 시작할 것이다. 그러면 우선 내가 너무 힘들어질 뿐만 아니라, 심하면 잘 지내보려던 처음의 의도와는 달리 도리어 관계가 깨질 수도 있다.

종종 제대로 된 거절을 하지 못해서 나와 타인의 욕구를 구분하지 못한 채 허덕이곤 했던 나의 과거를 떠올리면, 이 친구와 비교되어 머쓱해진다. 다른 사람의 욕구를 우선시하느라 내 욕구를 눌러 참는 것이 반복되다 보면, 상대방에게 맞춰 주느라 내 것을 등한시해서 생긴 불편한 감정이 상대방에 대한 서운함과 불편감으로 이어지게 된다. 그러다 보면 자연스레 억하심정이 생기고, 그에 대한 보상을 상대방에게서 갈구하게 된다. 그러면 좋았던 인간관계가 무너지는 것도 당연지사다.

그러니 좋은 관계를 원한다면, 오히려 자신의 행복을 최우선으로 채울 수 있어야 한다. 그래야 아무런 대가나 보상을 바라지 않고서 타인과 편안한 관계를 맺을 수 있을 것이다.

모든 답은 이미 내 안에 있다

"교수님, 제가 지금부터 상담 공부를 하려고 하는데, 너무 늦게 시작한 건 아닐까요? 열심히 공부해서 자격증을 따면 훗날 취업도 잘될 수 있겠죠? 어떻게 생각하세요?"

대학원 공부를 시작하는 대학원생들에게 종종 듣게 되는 질문이다. 이럴 때마다 대답하기가 참 난감하다. 다른 학문 분야도 마찬가지겠지만, 상담을 공부한다고 해서 공부한 모두가 자신이 원하는 진로 방향으로 100% 갈 수 있는 것은 아니다. 또한 상담심리는 타 학문에 비해 진로나 수입 면에서도 열악하다면 열악하며, 개인 역량 차이에 따라 결과도 천차만별이라 할 수 있다.

　더 곰곰이 생각해 보면, 이런 질문을 하는 학생 입장에서는 어쩌면 나로부터 용기와 격려 비슷한, 좀 더 확신에 찬 이야기를 듣고 싶었는지도 모르겠다. 우리는 대개 불안할수록 남들에게 동조나 확신의 말을 듣고 싶어 하니 말이다. 그렇다고 해도, 자신의 진로에 대한 확신을 타인인 내가 준다는 것은 다소 어색하지 않은가.

　상담을 하는 과정에서조차도 상담자가 내담자의 이야기를 듣자마자 곧바로 해답을 주는 경우는 많지 않다. 정말 필요한 경우를 제외하곤, 상담자는 내담자가 하는 이야기들을 진심을 담아 경청하고 또 경청한다. 곧바로 상담자가 내담자에게 해답을 건네주다 보면 단기적으로는 속 시원하고 성과도 있어 보이지만, 쉽게 들었던 단 한 번의 해답으로 내담자의 근본적인 불안감이 달래지지는 않는다. 결국 해답을 주고받는 상담으로 시작한 경우, 내담자는 상담자에게 묻고 또 묻고를 반복한다. 그러다 보면 종종 상담의 방향이 어색하게 흘러가기도 한다.

그런 점을 잘 알고 있기에, "상담 공부를 해 봐도 좋을까요?"라고 묻는 학생들에게 나는 "해볼 만한 것일지도 모르고, 괜히 했다 싶을지도 모르지요. 나중에 과연 어떤 느낌과 생각을 갖게 될지, 함께 공부하며 지켜보지 않을래요?"라고 대답한다. 결국 그 질문에 대한 답은 스스로가 찾아야 하며, 해답은 내 마음 안에 있는 것이다.

마음의 문을 억지로 열면 부서진다

중학생 태준이는 최근 부모님과의 갈등으로 인해 거의 미쳐버리기 직전이라며 흥분하여 말했다. 태준이의 부모님은 모두 엄격한 가정교육을 받고 자란 분들로, 두 분 모두 교사이다. 엄격하고 고지식한 면도 있지만, 자녀를 향한 관심과 사랑도 크고 심성이 여린 측면도 있었다. 태준이는 다른 가족 구성원들과는 달리 성격이 매우 외향적이어서 친구도 많았으며, 인터넷 사용을 많이 하는 문제로 부모와 매일 다투기 일쑤였다.

태준이의 부모와도 이야기를 나누어 보니, 이들이 처한 갈등 상황이 조금 이해가 갔다. 부모가 보기엔 이제 슬슬 공부 시간도 늘려나가야 할 때인데, 태준이는 방문을 잠근 채 밖으로 나올 생각을 하지 않는다고 했다. 방 안에서 신나게 게임을 하는 소리가 새어 나오면 속이 터지고, 또 막상 조용해지면 아이가 정말로 공부를 하는 건지, 혹여라도 친구들과 딴짓을 하는 건 아닐지 궁금하고 불안해 미칠 지경이라는 것이다. 뭘 하는지 이야기해 달라 해도 아이는 문을 닫고 자기 방에 들어갈 뿐 자세히 이야기도 해주지 않았다고 했다. 초등학교 때까지 엄마가 근무하는 학교에 다녔기 때문에 아이의 모든 생활이 부모 손바닥 안에서 펼쳐졌는데, 이제는 아이가 이야기해 주는 것도 아니고 도무지 알 길이 없어서 불안해 죽을 지경이라고 그들은 말했다.

결국 이 부부는 고심 끝에 어느 날 아들 태준이 방문을 떼어버렸다. 귀가한 태준이는 방문이 없어진 것을 보며 깜짝 놀랐고, 결국 소리를 지르고 반항하며 부모님과 한바탕 크게 싸웠다. 방문을 떼어버리는 것만이 최선이라고 여긴 부모님은 태준이 의견을 들어줄 수 없었고, 태준이는 이런 집에서 살 수 없다고 말하면서 부모님 때문에 더는 학교에도 가지 않겠다고 선언했다.

부모님 입장에서는 공부 대신 인터넷과 친구에 몰입하는 태준이가 염려되고 걱정되는 것이 당연할지 모르나, 그렇다고 해서 방문을 떼어버리는 것은 절대 해결책이 될 수 없다. 방문을 잠그고서 생활하는 태준이의 일상 자체는 존중해 주되, 거기서부터 부모와 태준이의 갈등을 조율하고 해결해 나가야 할 것이다.

늘 방문을 열어놓고 생활하는 아이들조차도 청소년기가 되면 방문을 닫아놓기 시작하는데, 그것은 너무도 순조로운 청소년기 변화 중 하나라 할 수 있다. 24시간 자녀를 체크하고 바라본다고 해서 부모가 아이의 일상을 로봇처럼 통제하고 변화시킬 수는 없다. 오히려, 방문을 떼어버린 부모 행동으로 인해, 태준이는 이제 학교에 나가지 않겠다고 협박하며 부모와 더 큰 힘겨루기를 시작한 셈이다.

부모로서 자녀를 야단치고 통제하는 순간도 때로 필요하지만, 자녀의 개인 공간까지 강제로 통제하는 것은 부모가 자녀와의 사소한 거리조차도 허용하지 않겠다고 하는 것이나 다름없다. 이제라도 태준이의 방문을 다시 달아주어 청소년 태준이의 물리적, 심리적 공간을 허용해 주어야 할 것이다. 그리고 나서야 비로소 인터넷 사용 문제를 조율하든, 공부에 대해 소통하는 등의 근본적인 문제에 대한 조율이 가능할 것이다.

쿨한 관계가 반드시 좋은 건 아니다

25살 청년 진수 씨는 대학생으로, 원룸에서 혼자 거주하며 지낸다. 아르바이트를 따로 하지 않아도 될 만큼 부모님은 매달 넉넉한 용돈을 보내주시는데, 돈 이외에 부모님이 진수 씨의 생활에 관여하는 바는 거의 없다고 하였다.

자유를 갈구하는 대학생에게는 최고의 조건이 아닌가 싶겠지만, 정작 진수 씨는 물질적인 지원만 건네는 부모님이 너무 매정하게 느껴진다고 했다. 실은 부모님은 진수 씨가 고등학교 1학년 때 이혼하셨는데, 그 당시 기숙사에 거주하던 진수 씨는 부모님의 이혼 과정을 자세히 듣지 못했다. 이후에도 그 과정에 대해 진수 씨가 물어보거나, 부모님이 직접 이야기 해주는 일은 없었다. 외아들인 진수 씨와 부모님은 어릴 때부터 각자 생활했고 부모님 두 분도 서로 살갑게 소통하거나 관여하는 일이 거의 없었다고 말한다. 한마디로 진수 씨의 가족은 서로 간의 거리가 너무 멀었다.

이런 진수 씨의 삶을 부러워하는 친구들도 적잖게 있었지만, 정작 진수 씨는 깊은 우울감과 더불어 불안정한 기분을 느낀 지 꽤 오래되었다고 말한다. 부모님과 진수 씨는 시시콜콜한 일상적 대화도 나누지 않았던 데다, 대학 입시나 졸업 후 진로 등 인생의 중요한 시기에도 이렇다 할 이야기를 나눈 적이 없었다.

그로 인해 진수 씨는 졸업을 앞두고서 자기가 어떻게 살아야 할지, 어떤 일을 해야 할지 불안해서 어떤 것을 해도 집중이 어렵고 밤엔 잠들기도 어려워했다. 뭐라도 해야 할 것 같아서 수업도 빠짐없이 듣고 남은 시간 도서관에 앉아 있다가, 저녁엔 이 친구 저 친구 매일 바꾸어 가며 만나지만 허한 기분이 좀처럼 달래지지 않는다고 이야기했다. 그는 자신이 저 멀리 외로운 섬에 떨어진 쓸모없는 존재 같다고 표현하기도 했다.

청소년기의 중요한 과제 중 하나가 부모와의 심리적 독립이지만, 이는 청소년 시기에 심리적 독립을 마치라는 말이 아니라 이때부터 서서히 독립을 해나가라는 말이다. 대개 청소년들은 부모로부터 독립하는 척하다가도 어떤 것들을 핑계 삼아 또다시 의존한다. 이렇게 독립과 의존을 반복해 나가면서 부모로부터 서서히 자립해 가는 것이다. 진수 씨는 이런 과정 없이 너무 강제적으로 독립을 강요받은 듯하다. 심지어 더 어린 시절부터도 부모에게 따뜻하게 의존하고 정서적으로 교류한 경험도 부족해 보였다. 그러니 정작 대학을 졸업하고 사회로 나가기 직전인 이 시점이 진수 씨에게 얼마나 부담스럽고 힘든 때겠는가 싶다.

가족들이 서로 엉겨 붙으면서 심리적으로 과하게 관심을 갖고 간섭하는 것도 적절하지 않지만, 이렇게 지나칠 정도로 관여하지 않고 거리를 두는 것은 누군가에겐 정서적 학대로까지 여겨질 수 있는 심각한 문제가 될 수 있다. 결국 우리가 가장 중요한 순간에 따뜻하게 지지받을 수 있는 곳은 바로 가족의 품이기 때문이다.

구성원의 협조 없이 혼자만의 노력으로 이상적인 가족을 만드는 것은 불가능하다. 하지만 그렇다고 해서 진수 씨의 사례에서처럼, 아무것도 하지 않은 채 우울감과 불안감을 느끼는 것도 정답은 아니다. 진수 씨는 자신과 부모님의 관계 안에서 부모님과의 거리를 좁히기 위해 자신이 할 수 있는 부분이 어떤 것일지에 대해 점검해 보아야 하며, 서서히 다가가 보려는 노력이 필요하다. 그리고 가정에서 채워지지 않는 결핍은 그간 진수 씨가 맺어왔던 다양한 인간관계를 통하여 보충해 나가는 지혜가 필요할 것이다.

떨어져서 보면 가족에 대한 미움도 옅어진다

    상담에서는 대개 자신이 겪고 있는, 또는 겪었던 힘든 이야기들을 꺼내놓는다. 이런 이야기들의 상당수가 인간관계, 그것도 아주 가까운 사람들과의 관계에 관한 이야기들이다. 짐스러운 부모, 골칫덩어리 자녀, 도저히 이해할 수 없는 배우자 등등…. 상처는 우리와 아주 가까운 관계에서 주고받기 마련이기에, 힘든 이야기의 대상이 가족이 되는 경우는 아주 흔하다.

    상담에서는 그렇게 상처받고 힘든 마음, 돌보지 못한 채 저 구석에 처박아 두었던 아픈 기억들을 각자의 속도에 맞추어 이야기할 수 있도록 돕는다. 어떤 이는 빠르게, 어떤 이는 아주 천천히, 또 어떤 이는 느렸다 빨랐다가를 반복하면서 말이다. 그게 무엇이든 좋다. 이야기하는 것만으로도 마음이 괜찮아지냐고 묻는다면, 당연히 그렇다고 말하겠다. 안정감 있고 편안한 장소에서 믿을 만한 상담자에게 지친 내 마음을 꺼내놓는 것만으로도 당연히 마음이 편해진다.

여기에 더하여, 상담 과정에서 힘든 마음을 표현하는 것으로 내 마음이 편해지고 안정되는 더 큰 이유가 있다. 내가 힘들어했던 증오의 대상에 대해 시간을 두고서 반복해서 이야기하면 할수록 그 대상의 특성과 실체가 점점 더 선명해지면서 훨씬 객관적으로 그를 바라볼 수 있기 때문이다.

나를 지치게 만드는 엄마에 대해 처음 이야기 꺼낼 때보다 세 번째 이야기할 때, 세 번째 이야기할 때보단 열 번째 이야기할 때, 짜증 나는 엄마의 모습들 외에 엄마가 가지고 있는 여러 일면을 점차 함께 바라볼 수 있게 된다. 그러면서 결국 엄마라는 사람은 짜증도 나고 나를 지치게 만드는 사람이기도 하지만, 동시에 가난한 집 첫째로 억척스럽게 동생들과 부모를 돌보아 왔던 책임감 있는 사람이라는 것 등을 깨닫게 된다. 엄마를 한 인간으로서 객관화할 수 있는 것이다.

그래서 상담자는 내담자에게 '미워하지 말라', '엄마를 용서하라' 등과 같은 말은 하지 않는다. 그저 증오 대상으로서의 엄마와 관련된 이야기들을 반복하면서 그것에 대해 충분히 나눌 뿐이다. 참으로 매력적인 과정이 아닌가?

혹시 여러분의 가족 중 누군가가 너무도 밉고 싫다면, 반드시 상담을 받지 않더라도, 기회 될 때 그가 어떤 사람인지, 어떻게 살았는지, 왜 그런 행동을 하는 것 같은지 등 최대한 그의 삶을 객관적으로 바라볼 수 있는 시간을 가지면 좋겠다. 한 사람을 전체적으로 폭넓게 바라보는 것이 그에 대해 힘들었던 내 감정을 옅어지도록 하는 데에 조금이나마 도움이 될 테니 말이다.

친해지는 것과 선 넘는 것은 다르다

친밀한 관계를 만들기까지도 많은 노력이 들지만, 이런 관계를 장기적으로 유지해가는 것은 훨씬 더 고난도의 작업이라고 생각한다.

20대 후반 자현 씨는 대학원 박사 과정 학생으로, 함께 자취하고 있는 친한 고향 후배 때문에 마음고생이 너무 심했다. 자현 씨는 한 살 어린 고향 후배와 고등학교 때부터 가깝게 지냈고 대학은 각자 다른 곳에 갔지만 이후 비슷한 시기에 같은 학교 대학원에 진학하게 되어 1년째 함께 자취를 하고 있는 상황이었다. 자현 씨와 고향 후배는 서로 통하는 것들이 많아서 평소 대화도 잘 이루어졌고, 특히나 자현 씨가 워낙에 유순하고 사람을 잘 챙기는 성격이어서 후배도 자현 씨를 친언니처럼 잘 따랐다.

하지만 함께 자취하며 생활하다 보니 그간에 친했어도 몰랐던 부분들을 알게 되면서 갈등도 많이 생겼다. 그 후배는 방 청소 한 번을 한 적 없고, 언제부터인가는 자기 빨래도 자현 씨에게 넘기는가 하면 함께 사용하는 생필품조차 자기 돈으로 산 적이 없었다. 그리고 매일 밤마다 대학원 연구실에서 있었던 힘들고 복잡한 인간관계 이야기들을 자현 씨에게 울며불며 털어놓는데, 그것이 너무 반복되다 보니 자연 씨는 후배를 위로해 주기에도 지쳐버렸다.

자현 씨가 워낙에 싫은 이야기를 못 하는 성격이기도 했고, 고향 후배도 어린아이처럼 자현 씨에게 딱 붙어 의존하며 지내길 7개월 정도 하다 보니, 자현 씨는 감정적으로 소진되는 느낌을 받았다. 안 그래도 박사 논문으로 인한 스트레스도 이만저만이 아닌데, 자기에게 위로받기만을 바라는 고향 후배로 인한 스트레스 때문어 자현 씨는 최근 위염에 시달리기까지 했다.

자현 씨와 고향 후배 사이에는 최소한 서로 기본적으로 지켜주어야 할 경계가 무너진 듯 보였다. 고향 후배는 자기 선에서 기본적으로 해야 할 것들을 자현 씨에게 의존하는 식으로 떠넘겼고, 자현 씨는 그것들을 다 감당하며 응해준 것이다. 고향 후배의 행동을 무턱대고 허용해 준 자현 씨도 단순히 착해서 거절을 못 한 게 아니라, 과도하게 상대방을 챙겨줌으로써 자신에게 의존하게 만드는 심리적 특성을 갖고 있었을지도 모른다. 어찌 됐든 간에, 의존한 후배는 자현 씨의 경계를 침범한 것이고, 자현 씨는 그런 침범을 눈감아 준 셈이다.

서로 아주 좋아하고 친밀한 관계라 해도 경계 설정은 충분히 가능하다. 고향 후배가 자신이 해야 할 일들을 전혀 하지 않고서 자신에게 과도하게 의존하는 것이 느껴졌다면, 자현 씨는 가급적 빨리 의사 표현을 하는 편이 좋았을 것이다.

한편 고향 후배는 주로 상대방에게 의존하는 방식으로 관계를 형성하는 사람으로 보인다. 그런 후배에게

자현 씨가 속으로는 힘들어하면서도 겉으로는 의존할
만한 대상이 되어주었기 때문에, 그녀는 점점 더 많은
부분을 자현 씨에게 의존했던 것이다. 만일 의사표현을
분명히 해도 고향 후배가 변화하지 않는다면, 그간 구축
해 왔던 둘의 우정을 위해서라도 서로 헤어져 각자 사는
편이 더 좋을 수 있다.

그러고 보면, 좋은 관계를 오랜 시간 유지하기 위해
서는 어느 한쪽의 노력만으론 불가능한 것 같다. 아무리
친하더라도, 서로의 경계를 침범하지 않을 수 있는 적당
한 거리를 최소한 유지할 수 있을 때, 그 관계는 오랜 시
간 동안 긍정적으로 이어질 수 있다.

애매한 순간에는
손해 보는 방향으로 결정한다

살다 보면 결정하기가 참으로 애매한 상황들이 많다. 가령, 어떤 모임에 꼭 참석해야 할지 안 해도 될지, 축의금을 요만큼 하는 게 좋을지 더 많이 해야 할지 등 참 헷갈리기도 하고 결정하기 어려운 순간들이 많다.

이와 관련해 생각나는 일화가 있다. 박사 학위를 받자마자 약 2년간 모 대학에 연구교수로 근무하던 시절이 있었는데, 그때 한 교수님께서 자기가 아는 분의 이야기를 해주셨다. 그 지인의 신조가 '결정이 애매한 순간엔 무조건 손해 보는 쪽으로 결정한다'라는 것이었는데, 그 말을 듣고서 그 자리에 모인 몇몇이 '맞는 말이다', '아니다' 하며 갑론을박 자기 생각들을 펼쳤다.

당시 난 그 지인의 결정이 재치 있게 느껴졌던 데다가, 나보다 훨씬 오랜 인생을 산 선배로서의 지혜처럼 느껴지기도 해서 그 이야기를 꽤 의미 있게 들었던 것 같다. 그러고 나서 어느 날부터인가 애매한 결정의 순간에서 그 이야기가 슬며시 떠올랐고, 그런 식으로 한번 손해 보는 결정을 해보았는데 생각보다 꽤 괜찮은 것 아닌가.

우리가 어떤 선택을 해야 할 때 고민을 하게 되는 관계라면, 대개는 아주 거리가 멀고 친하지 않은 사이는 아닐 것이다. '그 사람의 결혼식에 가야 하는가 가지 말아야 하는가' 할 때, '가지 않는다'라는 답이 금세 나오는 관계라면 그 사람과 나 사이에 꽤 거리감이 있는 것이고 가지 않으면 그만이니 거기서 더 이상 크게 해야 할 고민은 없다. 하지만, '가야 할까 가지 말아야 할까'에서 답이 쉽게 나오지 않는 관계라면 분명 멀지는 않은 사이임이 분명하다. 언제부터인가 그런 선택의 순간이 올 때 종종 그 지인의 기준을 적용하기 시작했고, 결과는 그럭저럭 만족스러웠던 것 같다. 물론, 누군가는 내가 너무 손해를 보는 결정을 하는 것이라 말할 수도 있고, 또는 그렇게 행동 하는 것이 의미 없는 것이라 말할지도 모른다. 그럼에도 결정은 내가 하는 것이니 그 책임이나 손해도 내가 질 수밖엔 없지 않을까.

결혼식을 예로 들었지만, 그런 경조사 외에 직장 생활을 하면서 애매한 업무를 상호 의논하여 처리해야 하는 순간에도, 분명하게 거절의 목소리를 내야 할 경우가 아닌 한 애매한 상황에서 약간은 손해 보는 결정을 하곤 했다. 보통은 손해를 보면 기분이 나빠야 할 터인데, 결과적으로는 기분이 나빴다거나 맘 상한 일이 의외로 적었으니 엄밀한 의미에서 볼 때 그것이 어쩌면 손해 보는 결정이 아니었을지도 모르겠다. 어쨌거나, 저마다의 기준은 다양하니 이런 기준 또한 많은 이들이 가진 다양한 기준 가운데 하나로서 공존 가능한 것이 아닐까 생각한다.

모든 관계에는 필요한 거리가 있다

대학에서 근무하다 보니 내가 주로 접하는 대상은 나보다 젊은 학생들이다. 학생들을 가르치고 그들과 소통하기도 하며, 함께 연구를 진행하다가 점심이나 저녁 식사를 함께할 때도 흔하다. 그렇게 많은 시간을 같은 공간에서 오랜 시간 지내다 보면 자칫 서로의 경계를 넘나들 가능성도 존재한다.

나 역시 교수인 내 입장만 생각하며, 학생들을 위한답시고 밥을 사 주거나 사적인 이야기를 나누면서 사제 관계를 맺으려 하기도 했다. 그런데 학생들 입장에서 그런 행동들이 어떻게 느껴질지 돌이켜 보자, 상당히 부담스러울 수도 있으리란 생각이 들었다. 윗사람인 교수의 말과 행동이 거북하게 느껴진다고 해도, 학생들로선 대놓고 불만을 표현하거나 불편함을 내색하기가 쉽지 않을 테니 말이다. 그러니 비교적 어른인 내 쪽에서 먼저 서로가 지켜야 할 경계를 설정해주는 게 당연한 처사이리라.

이렇게 경계를 설정하는 의미에서 친한 학생들에게 종종 우스갯소리 삼아 건네는 이야기가 있는데, 가끔 학생들이 내게 이런저런 재미난 학생들 모임에 함께 가자고 제안할 때 하는 말이다. "놀 땐 각자 놀아야 해요. 나는 내 친구들과 즐겁게 놀 테니, 학생들은 학생들 친구와 즐겁게 노세요!" 이런 말을 하고 나서도 이런저런 소소한 모임 모두에 대해 대쪽처럼 선 긋는 것도 너무 정 없어 보여서, 못 이기는 척 참석하고 또 즐겁게 시간 보내다 오기도 하지만 말이다.

그럼에도, 교수로서 이런 나만의 룰을 가지고 있는 것이 나쁘지 않다고 생각한다. 교수와 학생이 서로 가깝게 지내면서 학문적인 많은 것들을 공유하되, 교수가 학

생의 사적인 영역을 함부로 침범하지 않을 수 있는 서로
의 적당한 거리를 두는 것. 그것이 스승과 제자 사이에
필요한 알맞은 거리가 아닐까? 이 거리를 잘 지키기만
한다면, 그 스승과 제자의 관계는 평생도 갈 수 있다고
생각한다.

자녀의 성공과 실패는 자녀 몫이다

한 엄마가 아들의 2년 연속 대학 입시 실패로 식음을 전폐하다가 우울감이 심해져 상담을 의뢰하였다. 아들이 워낙에 학창 시절 전반에 걸쳐 똑똑했던 터라, 엄마가 아들에게 갖는 학업적 관심과 지원도 엄청났다. 엄마는 남편이 받는 월급의 2/3를 아들 학원비와 과외비, 독서실비로 썼다. 아들은 고등학교까지 내내 엄마의 기대를 한껏 충족시켜 주었다. 아들의 최상위권 성적은 엄마 자신의 성적표와도 같았다. 엄마는 아들을 위해 쏟아부은 시간, 돈, 노력이 전혀 아깝지 않았다고 말했다.

엄마는 아들이 원하는 대학에 합격하지 못할 것이

라는 상상을 한 번도 해 본 적이 없었다. 평소 하던 만큼만 공부하면 충분히 붙을 수 있다고 생각하면서, 마치 엄마 자신이 대학 입시를 준비하는 심정으로 아들과 함께 입시를 위해 달렸다. 하지만, 이상하리만큼 입시 결과는 예상을 빗나갔다. 아들은 원하는 대학에 합격하지 못했고, 차선으로 합격한 대학은 엄마의 반대 때문에 등록을 포기할 수밖에 없었다. 결국 재수를 해서도 아들은 그 대학에 합격하지 못했고, 아들이 차선으로 합격한 대학에 반드시 등록을 하겠다고 우기니 엄마는 앓아누운 것이다.

한편으로는 그녀의 마음이 참으로 힘들겠구나 싶으면서, 동시에 엄마가 마치 아들의 인생을 대신 살고 있는 것만 같았다. 이 엄마에게 아들의 공부, 대학, 성공은 엄마의 모든 것처럼 보였다. 자녀가 더 잘할 수 있도록 돕고 지원해 주는 것도 물론 필요하나, 지원하더라도 그 이후의 결과나 보상을 내 것이라고 착각한다면 그때부터 불행이 시작된다. 자녀가 시험에 합격하건 불합격하건 그 결과에 대한 몫은 자녀 것이다.

　그럼에도 우리 주변의 많은 부모가 자녀의 성취로 인해 지나치게 기뻐하고 죽을 듯이 아파하는데, 아마도 부모가 자녀들과 아직 심리적으로 분리되지 못했기 때문일 것이다. 자녀가 대단한 업적을 이루었을 때 부모가 기쁜 것은 당연하나 그 기쁨이 부모의 자부심으로까지 연결되어 마치 부모 자신이 성공한 것처럼 의기양양한 것은 지나쳐 보인다. 그러고 보면 멋진 부모가 되는 것은 참으로 쉽지 않은 것 같다. 심리를 공부하고 상담을 한다고 하는 나조차도, 자녀로 인해 기쁘고 자녀를 통해 자랑스러움을 느끼고 싶은 마음이 불쑥불쑥 올라오니 말이다. 그런 자신을 발견할 때마다, 상담자로서 종종 부끄러움을 느끼곤 한다.

　이런 고민이 있을 땐 자녀의 성취를 나의 기쁨이 아닌 자녀의 것으로 인정하는 연습을 해 보자. 아이가 공부를 잘한다면, "성적이 잘 나오니 너 참 좋겠구나!"라고, 시험에 불합격했다면, "정말 속상하지? 시험에 떨어져서 너무 속상할 것 같구나!"라고 자녀 몫으로 쓱 넘겨주면 어떨까?

자녀와 나 사이의 적절한 분리가 이루어질 때, 자식들은 보다 독립적이고 진취적으로 삶을 살아갈 수 있을 것이고, 부모 또한 자식의 삶이 아닌 부모 자신의 삶을 살아갈 수 있게 될 것이다.

행복은 언제나 '지금 이 순간'에 존재한다

최근 몸과 마음의 안정을 위해 마음 챙김 명상을 하는 사람들이 많아졌다. 명상에도 저마다 여러 가지 종류와 방법이 있지만, 거의 모든 명상법이 공유하는 공통점이 있다. 바로 과거나 미래가 아닌 지금 이 순간에 집중한다는 것이다. 호흡 명상을 하는 순간은 지금 이 순간의 호흡에 집중하고, 걷기 명상을 하는 순간은 걷고 있는 지금 이 순간에 집중하는 식이다.

생각해 보면, 하다못해 혼자 밥을 먹는 순간에조차도 밥을 먹는 행위 자체에 집중하는 일이 참 드물다. 음식을 씹으면서 TV를 보거나, 핸드폰을 들여다보거나,

잔뜩 쌓인 일들을 걱정하고 지나간 일들을 떠올리기 일 쑤다. 그러다 보니 정작 밥을 통한 충족감과 만족감은 놓치는 셈이다.

지금의 나를 채우는 것은 어디까지나 지금 이 순간 의 느낌과 생각이어야 한다. 과거와 미래에 대한 생각으 로 나를 채워서는 현재를 제대로 살아갈 수 없다.

'살아 있는 부처'라고 불린 베트남의 고승 틱낫한 스 님은 이렇게 말했다. 설거지를 끝내고 차 마실 것만 생 각한 채 성가신 일을 해치우듯 대충 그릇을 씻는다면, 그것은 온전한 설거지가 아니라고 말이다. 그러다 보면 차를 마시면서도 다른 일을 생각하느라 자기 손에 찻잔 이 있는지도 모를 것이며, 결국 오지 않은 미래를 헤매느 라 인생을 한순간도 알차게 살지 못할 것이다.

진정한 나 자신에 머무르고 싶다면, 과거나 미래가 아닌 지금 이 순간 내가 무엇을 하고 있는지에 집중하 자. 현재를 충실히 만끽하는 데 이보다 더 좋은 방법은 없다.

모든 사람과 잘 지낼 수는 없다

나에게 큰 의미가 없는 관계라고 해서 그 관계를 모두 쳐낼 필요까지는 없지만, 그 반대로 이런저런 관계를 전부 끌어안고 있는 것도 무척 부질없어 보인다. 새롭게 생겨나는 관계가 있으면 그에 따라 자연스럽게 정리되는 관계도 있기 마련인데, 계속 새싹처럼 생겨나기만 하고 정리되는 관계가 전혀 없다면…. 생각만 해도 갑갑해진다.

우리가 가진 에너지는 한정되어 있기에, 우리에게 의미 있는 가까운 사람과 나눌 수 있는 시간도 따져보면 그리 많지 않다. 그러니 우리 주변에 있는 모든 사람과 동일한 무게로 똑같이 잘 지내기를 바란다는 것은 현실적으로 불가능한 시나리오일 수밖에 없다.

그러니 정말 손꼽을 만큼 중요한 사람들에게 내가 내어줄 수 있는 관계 에너지의 70%를 사용하고, 나머지 30% 에너지는 그 외의 사람들에게 그때그때 사용하면 어떨까 싶다. 이 비율이 아쉽다고 느껴진다면 각자가 비율 배분을 조정해도 좋겠지만, 적어도 중요한 사람들에게 내줄 에너지는 70%보다 더 줄어들지 않기를 바라는 마음이다.

부부 사이에도 적절한 간격이 있어야 좋다

결혼한 지 6개월 된 현아 씨가 상담을 받으러 왔다. 현아 씨는 남편과 2년간 연애를 했는데, 특히 남편과는 전반적인 취향이 잘 맞았다고 했다. 활동적인 취미를 즐기는 취향도 서로 비슷했고 대화도 잘 통해서 연애 시절엔 거의 싸운 적도 없었다고 했다. 그랬기에 그녀는 결혼 이후의 관계도 당연히 순탄할 것이라 예상했다. 그러나 그런 예상과 다르게, 결혼 이후 그녀에게 찾아온 건 남편으로 인한 적적함과 외로움이었다. 현아 씨는 자기 자신이 이상한 것인지, 아니면 남편에게 문제가 있는 것인지 궁금해했다.

결혼 후 현아 씨의 일상에 대하여 좀 더 자세히 들어보니, 그야말로 평범했다. 평일엔 서로 직장에 다니느라 바쁜 나머지 가끔은 지쳐서 대화도 안 나누고 잠들기 일쑤였다. 그나마 주말이 되면 연애 시절처럼 함께 자전거를 타곤 했지만, 신혼인 현아 씨에겐 뭔가 부족한 것처럼 느껴졌다고 했다.

현아 씨가 가진 불만이라면, 남편과 더 다정한 시간을 보내고 싶다는 것이었다. 자전거를 타고 집에 들어와서는 도란도란 이야기를 나누며 즐거운 시간을 공유하고 싶었지만, 남편은 낮잠 자거나 혼자 핸드폰을 보다가 밥 먹을 때만 자신을 찾는다는 것이다. 물론 대화 나눌 때도 종종 있었지만, 그 정도로는 현아 씨의 성에 차지 않았다.

그런 생활이 지속되면서, 현아 씨는 '내가 남편에게 필요 없는 존재인가?'하는 생각이 들었다. 이렇게 각자 생활할 거라면 결혼은 왜 한 것인지 서운하고 속상한 기분도 들었다. 하지만 이런 이야기를 남편에게 할 때마다, 남편은 뭐가 문제인지 모르겠다면서 난감해했다.

현아 씨의 고민은 현아 씨 입장에선 당연히 속상할 만한 일이었으리라. 결혼 생활이란 것도 일종의 적응 기간이란 것이 필요한데, 아마도 현아 씨가 지금 바로 그 과정을 겪고 있다고 여겨졌다.

연애 시절에 남녀가 보내는 일상은 결혼 생활과는 비슷하기도 하고 다르기도 한데, 그중 가장 큰 차이점이 바로 '함께 보내는 시간의 양'이 아닐까 싶다. 사귈 때는 남녀가 늘 함께 할 수 없으니, 함께 시간을 보내기 위한 목적으로 따로 시간을 정해서 만난다. 그러니 연애 시절의 남녀는 함께 있는 시간을 무엇보다 알차게 보내려고 한다. 하지만 결혼 이후에도 연애하듯 시간을 보내는 것은 어려울 수밖에 없고, 현실적으로 불가능하다. 부부는 연애 시절의 몇 배에 달하는 시간을 함께 보내야 하기 때문이다.

부부가 연애 시절처럼 더 재미있게 생활하려면, 모든 시간을 함께하기보다는 오히려 각자 어느 정도는 자신만의 일상을 보내면서 그 사이사이에 상대방과 함께 할 시간을 채워 넣는 것이 훨씬 낫다. 배우자와 거의 모든 시간을 함께해야만 내 일상이 반드시 행복할 수 있다고 생각한다면, 어쩌면 내가 배우자에게 지나치게 의존하는 것일지도 모른다.

고대 그리스의 철학자 디오게네스는 인간관계와 관련해 이런 격언을 남겼다. '사람을 대할 때는 불을 대하듯 하라. 다가갈 때는 타지 않을 정도로, 멀어질 때는 얼지 않을 정도로.' 이 말은 소위 가장 가까운 사이로 일컬어지는 부부간의 거리에도 예외 없이 적용된다.

인간관계 중 가장 어려운 난이도를 가진 것이 결혼생활이 아닐까 싶다. 너무나도 다른 두 사람이 만나, 어떤 관계보다도 긴 시간을 함께해야 하기 때문이다. 그럴수록 관계에 여유를 두고 때때로 적당한 거리를 두는 것이 서로에게 필요할 것이다.

적당한 심리적, 물리적 거리가 필요하다

어떤 연인들은 모든 일을 늘 함께 하려고 한다. 그것이 너무 좋고 또 익숙하다면서 말이다. 그래서인지 가끔 20대 초반 대학생들이 수업 중에도, 수업이 끝난 뒤에도 거의 언제나 한 몸처럼 붙어있다시피 하는 경우도 더러 보곤 한다. 물론 알콩달콩 사랑하는 모습은 참으로 보기 좋고 또 권할 만한 일이다. 매일, 매 순간을 함께하다 보면 며칠, 또는 몇 달간은 서로에게 행복감을 가져다줄지 모른다. 하지만 몇 년간 그 생활을 반복한다고 상상해 본다면 어떨까?

친밀하다는 것은 상대방과 더 많은 것들을 공유한

다는 의미이기도 하므로, 친해지기 위해 서로 많은 시간을 함께 하는 것은 반드시 필요하다. 하지만 그렇다고 해서 사랑하는 사람과 그 많은 시간을 늘 함께 한다면, 우리가 때로는 몰라도 되는 것들까지 지나치게 많이 알게 되어 또 다른 갈등을 초래할 수 있다.

비유하자면 동전의 양면 같은 것이라고 할 수 있겠다. 같은 환경에서 오래도록 지내는 연인은 동일한 영역을 공유하는 만큼 더 많이 가까워지고 친밀감도 크게 느낄 수 있다. 하지만 그와 동시에 서로 지나치게 세세한 것들까지 공유하게 되는 만큼 또 다른 갈등의 소지도 있다.

가끔 사내 커플이라든지, 부부가 함께 같은 상점을 운영하는 것들을 보게 될 때, 맘속으로 종종 존경의 마음이 들곤 하는 이유도 이 점 때문이다. 이들은 보통 연인들에 비해 서로에게 마음에 안 드는 구석이나 몰라도 되는 것들을 가까이서 몇 배나 많이 보게 될 텐데, 잘 지내기 위해 그것들을 감내하고서 서로 얼마나 많은 노력을 해왔을까 하는 마음에서다.

그러고 보면, 때로는 서로 모르는 구석도 적당히 있어야 관계에 도움이 되는 것 같다. 이를 위해 연인과 심리적으로, 물리적으로 지나치게 딱 붙어있다면 가끔은 적당히 거리를 풀어 주는 것도 필요하겠다. 사랑하는 이에게 약간의 거리를 허할 때, 그 사이로 부는 시원한 바람이 관계를 더욱 생기롭게 만들어 줄 것이다.

물건과도 적당한 거리를 둔다

아이가 어렸을 때 장애인 시설로 함께 봉사활동을 가곤 했다. 워낙 시스템과 환경이 잘 갖추어진 기관이라, 우리가 가면 그날 해야 할 과제들, 머무를 수 있는 시간까지도 딱딱 제시해 주어서 도착했을 때부터 헤어지기 전까지 내내 분주했다.

그곳에 가면서 우리는 '영아'라는 이름의 입소자와 가까워졌는데, 그 이유는 정확히는 모르겠지만 아무튼 아이와 나는 영아 씨를 좋아했다. 모습은 아이와 또래처럼 보이기도 했지만 실은 아이보다 열두 살이 많다고 했다. 꽤 사교적인 데다가 책도 좋아했고, 무엇보다도 영아 씨는 나를 많이 좋아해 주었다. 음식 먹을 때도 내가 도와주기를 바라고, 내가 도와주는 목욕도 거부감 없이 친절하게 응해주었기에 나도 영아 씨가 좋았다.

영아 씨와 처음 만난 날이 지금도 생생하다. 우리는 도착하자마자 휠체어를 끌며 영아 씨와 산책을 하고 나서 간식 시간을 가졌다. 그곳을 담당하고 계신 선생님 지시에 따라, 영아 씨를 비롯하여 함께 계신 분들이 간식을 먹을 수 있도록 도와주는 것이 우리 일이었다. 그날따라 그곳 분들이 가장 좋아하는 햄버거와 콜라가 간식으로 배달된 날이라 다들 기분이 고양되어 있었다.

이윽고 담당 선생님은 햄버거와 콜라를 1인분씩 담아 믹서에 갈기 시작했고, 그 낯선 광경을 우리는 멍하니 한참 바라보았다. 선생님은 곱게 갈린 음식을 흘리지 않도록 조심조심 컵에 담아서 우리에게 건넸고, 우리는 그것을 영아 씨가 맛있게 먹을 수 있도록 도와주면 되었다. 그 방에 계신 분들은 몸 움직임은 물론이고 입 근육도 매우 불편하기 때문에, 자칫 씹지 못하여 기도가 막힐 것을 대비해서 그렇게 갈아준다는 것이다.

믹서에 갈린 햄버거와 콜라를 보고서 처음 몇 분간 놀라지 않았다면 그건 거짓말이었다. 내 딴엔 어른이라고 능숙한 척 굴었지만 속마음은 그렇지 않았으니 말이다. 그런데 밤에 누워 천천히 다시금 생각하다 보니, 우리가 그럴싸하게 밥상을 잘 차려놓고 하나하나 먹더라도 결국은 입에 들어가서 다 섞이지 않겠는가! 결국, 지금 당장 갈아서 먹는 것과 입에 들어가기 전까지 우아한 형태를 갖추고 있다가 입속에서 뒤섞이는 것이나 매한가지가 아닐까?

이런 생각에 이르니, 나는 문득 평소 내 자신의 모습을 되돌아보게 되었다. 그러자 겨우 30초나 1분 후면 사라질 것들을 위해 많은 시간과 노력을 쏟아부었던 기억이 되살아나며 부끄러운 기분이 들었다. 어쩌면 나는 그동안 눈에 보이는 겉모습에만 치중하여 진정한 가치를 놓치고 있었는지도 모른다.

젊은 날의 외모가 영원하지 않듯, 음식이나 물건의 멋지고 탐스러운 겉모습이 유지되는 것도 결국 찰나일 뿐이다. 시간이 흐르면 언제 그랬냐는 듯 낡고 해지며,

삶 속에 섞여서 스쳐 지나가기 마련이다. 그러니 외형에만 집착하고 욕심을 부리려는 마음이란 얼마나 허망한 것이겠는가. 이제부터라도 겉으로만 그럴싸하고 멋있게 보이는 것들에 대해 적당한 거리를 갖고 살아 보면 어떨까. 진정한 가치는 눈에 보이지 않는 곳에 숨어 있으니 말이다.

조언하되 간섭하지 마라

80대 중반을 넘은 은사님이 해주신 말씀 중에 특히 와닿았던 것이 있다. 조부모는 손주와 관련된 의사결정을 함에 있어서 절대 부모와 같은 주연 역할을 해서는 안 된다는 말씀이었다.

처음 이 말을 들었을 때, 나는 적잖이 놀랐다. 그도 그럴 것이, 은사님은 그야말로 손주 사랑이 넘치는 '손주바라기'셨기 때문이다. 평소 워낙에 과장된 칭찬이나 감정표현에 인색하신 은사님이셨지만, 하나 있는 손주 이야기를 하시면서는 눈가 입가 모두 행복한 표정을 지으셨다. 그렇듯 보고 싶고 기특한 손주가 초등학생이 되면서 공부다 뭐다 너무 바빠서 자주 보기 힘들다고 아쉬워하시기도 했다. 이야기를 들어보니, 손주가 잘하는 것도 많고 영특한, 여간 똑똑한 아이가 아니구나 싶었다. 머리도 좋고 영리하니 그 부모가 아이에게 기대하는 것들도 많아서 이것저것 시키는 것들이 꽤 많다고 하였다.

그러자 이야기를 듣던 우리 중 누군가가 "그럼 서운하지 않으세요? 아들 며느리에게 이야기해서 스케줄 좀 줄이고 아이랑 좀 더 자주 놀러 오라고 하시면요."라고 살짝 은사님 편을 들며 이야기했다. 그러나 은사님은 고개를 저으며 이렇게 말씀하셨다. "그 아이 스케줄은 부모와 아이가 의논해서 정한 것인데, 내가 뭐라고 이래라저래라하겠나. 손주가 암만 이쁘다고 해도, 내가 그런 것까지 관여해서는 안 되지."

지극히 당연한 말 같으면서도 찬찬히 곱씹어 보게 되는 말이었다. 특정한 대상에게 내 마음을 크게 내어준 이상, 더 가까이서 관여하고 간섭하고 싶은 게 지극히 인지상정일 텐데 말이다.

　실제로 아이에 대한 중요한 의사결정을 주 양육자보다 조부모가 많이 할 경우, 자칫 부모의 권위가 약해지면서 자녀를 훈육하는 게 더 어려워질 수 있다. 그런 경우 자녀는 자기가 하기 싫거나 책임지기 싫은 일들에 대해 은연중에 조부모를 끌어들이면서 자신을 야단치는 부모와는 거리를 두는 것이다. 손주가 내 자녀만큼 또는 그 이상 사랑스럽더라도, '과하게 관여하지 않는 딱 그만큼의 거리'가 조부모와 손주와의 이상적인 관계라는 생각을 해본다.

끌리는 사람에겐
설명할 수 없는 매력이 있다

아버지는 올해 아흔이시다. 연세치고는 신체적으로나 정신적으로 기력이 좋으신 편이다. 물론 나이에 비해 건강한 것이지, 오래 걷거나 종일 움직이는 것은 당연히 무리가 된다는 것을 알고는 있었다. 그럼에도 내년보다는 올해가 조금이라도 더 건강하시지 않을까, 하는 생각에 90살을 기념한다는 구실을 내세우며 부모님과 함께하는 짧은 외국 여행을 감행했다.

패키지여행인지라, 우리 가족 외에도 일행이 많았다. 혹시라도 당신 때문에 일행들의 일정에 피해를 주진 않을지에 대해 아버지가 얼마나 신경 쓰셨을지 가히 짐작이 되었다. 조금이라도 걷는 것이 불편할까봐 아버지 팔이라도 부축할라치면, 이 정도 걷는 것쯤은 아무것도 아니라는 표정을 지으면서 이내 "괜찮다. 잘 걸을 수 있다"고 이야기하셨다. 거동이 느릿느릿한 아버지가 도움 없이 혼자서 애를 쓰며 나름 최선을 다하시는 모습을 나는 아무렇지 않은 척 흘깃흘깃 바라보았다. 내심 신경이 쓰였지만, 신경이 쓰이지 않았던 것처럼.

아버지가 나의 부축을 마다했을 때, '아버지가 걷는 것만 마다했으랴, 누구에게도 좀처럼 의지하려 하지 않으시지.' 하는 생각이 들면서 아버지의 고집이 답답하게 여겨지기도 했다. 하지만 동시에 아버지의 꼬장꼬장함이 이해되는 면도 있었다. 아직은 신체적으로나 정신적으로 누구에게 의지하지 않고서도 자신의 생활을 충분히 해나갈 수 있다는 사실이야말로 아버지를 지탱하는 자신감이자 자존감은 아닐까, 하는….

그도 그럴 것이, 아버지는 6·25전쟁 통에 남한으로 내려와서 그야말로 모든 것을 하나하나 손수 마련해야 했던 분이다. 북쪽에서는 부잣집 아드님이란 소리를 들으며 고생 없이 자랐다고도 했지만, 타지에서는 밑천도 없이 처음부터 시작해야 했다. 워낙에 성격이 강직하고 깔끔한 데다, 기댈 곳 없이 가정을 일구셨던 분인지라 남에게 신세 지는 것을 무척 싫어하는 분이었기에 아버지의 뿌리침도 그리 매정하게 보이지 않았다.

아버지도 더 연세가 들어서, 더 이상 의지하기 싫어도 어쩔 수 없이 자식에게 의존할 수밖에 없는 그 시점이 언젠가는 올 것이다. 상상만으로도 슬퍼지지만, 그런 순간 아버지에게 예전 아버지 고집 기억 나냐고 너스레 떨어보리라. 아직은 꼬장꼬장하신 아버지의 모습을 오래오래 보고 싶다.

혼자가 편한 게 아니라
상처받기 싫은 거였다

초판 1쇄 발행 2024년 10월 07일
초판 6쇄 발행 2025년 09월 30일

지은이 하정희
펴낸이 이부연
총괄디렉터 백운호
책임편집 유인엄
표지디자인 이은혜

펴낸곳 (주)스몰빅미디어
출판등록 제300-2015-157호(2015년 10월 19일)
주소 서울시 서대문구 충정로 35-17, 인촌빌딩 5층
전화번호 02-722-2260
인쇄·제본 갑우문화사
용지 신광지류유통

ISBN 979-11-91731-69-9(03190)

야박하고 인색한 세상 속에서, 나마저 나를 힘들게 할 필요는 없다!

흔들리며 살아가는 나 자신을 묵묵히 응원하는 법

이런 사람에게 이 책이 필요합니다

- 힘들 때 혼자 참고 견디는 것이 습관인 사람
- 퇴근하면 무기력하게 누워만 있게 되는 사람
- 인간관계가 좋은데도 왠지 계속 외로운 사람
- 남 눈치 보느라 항상 긴장 상태로 사는 사람
- 눈코 뜰 새 없이 바쁜데 마음은 공허한 사람

삶에 지친 나를 위한 위로의 심리학

나에게 괜찮냐고 물어본 적이 없었다

함광성 지음

세상이 정한 인생의 기준에 당신의 삶을 끼워 넣지 마라!

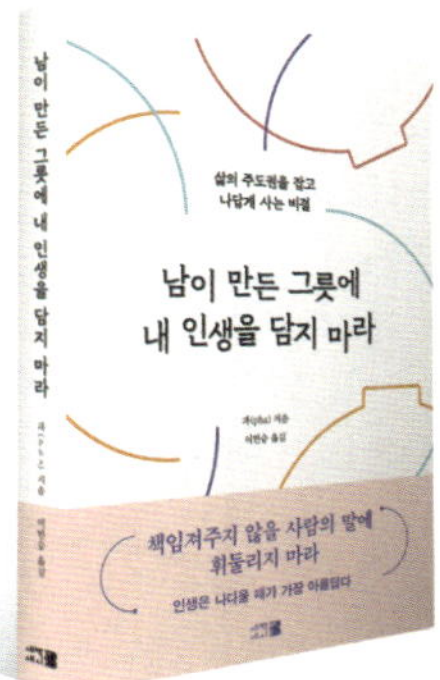

'나답게 살기' 신드롬을 불러일으킨
천재 철학자 pha의 인생 수업!

[이런 사람에게는 이 책이 필요합니다]

- 타인에게 인정받기 위해 과하게 애써온 사람
- 남의 눈치 살피느라 자신을 챙기지 못한 사람
- 인생을 밀린 숙제하듯 바쁘게만 살아온 사람
- 나다운 삶을 사는 방법을 터득하고 싶은 사람
- 남에게는 너그럽지만 나에게 엄격해지는 사람

삶의 주도권을 잡고 나답게 사는 비결

남이 만든 그릇에 내 인생을 담지 마라

파(pha) 지음 | 이연승 옮김

문제가 나를 붙들고 있는 게 아니라, 내가 문제를 놓아주지 않는 것이다!

홀가분한 인생을 만드는 30가지 법칙!

★ 이 책을 꼭 읽어야 하는 사람들 ★

- 몇 년 전의 실수가 가끔 떠올라 얼굴이 화끈거린다
- 무례한 질문에 받아치지 못하고 집에 와서 후회한다
- 남한테 부탁하기가 부담스러워서 혼자 다 떠맡는다
- 오랫동안 연락 없던 친구가 내심 불편하지만 참는다
- 무기력 때문에 미루고 미루다 발등에 불이 떨어진다

나답게 살기 위한 30가지 삶의 태도
스쳐지나갈 것들로 인생을 채우지 마라

고은미 지음